101 idées pour travailler à domicile

Plus tous les conseils pour bien démarrer

V. Ekin

Introduction

Depuis le boom de l'internet au début des années 2000 l'économie numérique n'a cessé de croitre pour prendre de plus en plus de place dans le monde réel.

Bon nombre d'emplois existants aujourd'hui disparaitront demain rendant de plus en plus difficiles la possibilité de se faire recruter de manière permanente dans une entreprise.

Le salariat tel qu'il a existé au $20^{\text{ième}}$ siècle est en voie d'extinction car avec la montée en puissance du monde numérique s'est ouvert l'ère de l'économie du savoir et celui de l'intelligence artificielle.

Il est essentiel pour s'en sortir dans le monde de demain de se préparer dès aujourd'hui à ce changement qui s'avèrera difficile pour un grand nombre de personnes.

Si nous percevons aujourd'hui les prémices de ce changement, celui-ci est en passe de s'accélérer de manière brutale dans les prochaines années ce qui aura pour conséquence de laisser bon nombre de personnes sur le banc de touche. Une destruction massive des emplois est en passe de se produire dans le monde.

Si le changement qui est actuellement en train de se produire est à première vue effrayant, celui-ci représente aussi une opportunité pour changer de vie.

C'est l'occasion pour bon nombre de personnes de réfléchir au genre de vie qu'elles souhaitent avoir dans le futur.

Les mentalités sont en train d'évoluer. Travailler de chez soi est devenu un statut envié par bon nombre de salariés qui en ont marre de passer plusieurs heures par jour dans les transports et de dépenser une grande partie de leur paye en carburants et en plats à emporter hors de prix.

Les Etats unis comptent à ce jour, 57 millions de freelances soit 36 % de sa population sans compter les employés qui tentent de lancer un « side business » qu'ils souhaitent faire grandir un jour.

Une étude réalisée par le site mondial numéro 1 des emplois freelance Upwork a montré que dans dix ans, la quantité de travailleurs en freelance passera à 50 % de la population aux Etats-Unis. Le travail en freelance est un modèle qui est déjà la norme aux USA pays précurseur dans de nombreux domaines.

Le travail freelance en Europe n'en n'est encore qu'à ses débuts. Un monde d'opportunités est en train de s'ouvrir pour toutes les personnes qui souhaitent changer de mode de vie en travaillant depuis leur domicile.

La France est à ce jour en pleine phase d'équipement résorbant petit à petit les problèmes d'accessibilité. Une connexion de qualité est en train de se développer sur l'ensemble du territoire.

L'avantage d'internet est que si vous êtes motivé et travailleur vous avez simplement votre chance de vous lancer et le pouvoir de changer votre vie sans demander la permission à qui que ce soit. Même sans expérience vous avez votre chance si vous êtes motivé et sérieux.

Plus besoin de se présenter à des entretiens d'embauche face à des groupes de recruteurs qui vous font passer des tests qui vous donnent l'impression d'être un animal de laboratoire qui sera sélectionné ou éliminé.

Plus besoin de participer à des réunions sans aucun sens ou de devoir participer à des week-ends séminaires pour souder les liens avec le reste d'une équipe.

Lorsque vous êtes freelance, votre seul juge est votre client qui vous donne votre chance et qui évaluera votre sérieux.

Si vous vous vous donnez à fond dans le lancement de votre activité freelance vous parviendrez à en tirer un revenu constituant un salaire mais sans les frais de transport ni les frais de repas. En bout de course, travailler de chez soi représente des avantages en termes d'économies.

Vous trouverez dans cet ouvrage 101 idées de métiers à réaliser depuis votre domicile en tant que freelance en utilisant internet. Ces métiers sont de véritables opportunités de lancer une carrière et donc d'en tirer un revenu pour quiconque est un travailleur et motivé. Vous y trouverez des idées et des conseils qui vous permettront de prendre ou reprendre le contrôle sur votre vie.

1-Professeur en ligne (e-learning)

La formation en ligne est en pleine expansion. Dans un monde en constante évolution où une personne n'exercera pas le même métier toute sa vie, se former est une nécessité vitale.

Il y a un réel besoin de formateurs en formation initiale ou continue et cela dans tous les domaines. Par exemple, les professeurs de français sont très recherchés sur internet pour former des adultes ou pour former des enfants qui pratiquent le homeschooling très répandu aux Etats Unis (école à la maison).

Alors si vous ressentez une fibre enseignante mais que vous ne souhaitez pas enseigner dans un établissement le métier de professeur en e-learning est fait pour vous.

Avantages :

✓ **Un cadre de travail agréable :**

Être professeur en e-learning permet d'enseigner dans de bonnes conditions sans classe surchargée et sans problème de discipline.

Le professeur reste maître du choix des élèves qu'il souhaite accepter ou non.

Il n'a pas non plus à risquer les agressions physiques provenant des parents ou des élèves.

L'enseignant n'est pas non plus obligé de se déplacer dans plusieurs établissements pour avoir un emploi du temps complet.

✓ Des étudiants très motivés :

L'avantage des cours payants en ligne est que les étudiants sont généralement très motivés.

Cela permet aux professeurs de réaliser pleinement leur mission à savoir la transmission d'un savoir et de prendre du plaisir à travailler.

✓ Des élèves dans le monde entier :

Outre le fait d'enrichir sa connaissance des autres cultures, le fait d'avoir des élèves répartis sur l'ensemble du globe permet de s'assurer une clientèle diversifiée.

Cette clientèle a généralement des moyens financiers permettant de suivre des cours payants vous assurant en contrepartie un véritable salaire.

Inconvénients :

✓ L'absence de conseil pédagogique.

Lorsque vous démarrez votre activité de professeur il peut être difficile de structurer vos cours.

Ainsi avant de vous lancer, il vous faudra réfléchir un minimum à la structure de vos cours afin d'élaborer un plan d'action sur un certain nombre de cours avec votre élève. Il vous faudra aussi tenir un horaire pour qu'un cours d'une heure ne dure pas plus longtemps que prévu.

- ✓ **Avoir une connexion internet fiable**

Les cours se donnant généralement par webcam avec parfois un suivi par e-mail il vous faudra avoir une connexion internet de qualité.

Si vous êtes éligible à la fibre dans votre zone de résidence, l'abonnement à ce service s'avèrera utile.

- ✓ **Avoir un emploi du temps flexible**

Être professeur en e-learning offre la liberté de travailler de chez soi mais la contrepartie sera d'avoir un emploi du temps flexible. Cela demandera parfois de vous lever plus tôt ou de travailler en soirée suivant si vous avez des élèves en Amérique du Nord ou en Asie par exemple.

2-Traducteur

Maîtriser plusieurs langues est une compétence très recherchée par les clients sur internet.

Que ce soit pour traduire des courriers, des articles de blogs ou encore des documents officiels, la traduction en ligne est un emploi d'avenir car aucun logiciel de traduction ne peut assurer la traduction des subtilités d'une langue.

Si vous êtes traducteur diplômé vous pourrez mettre en valeur votre diplôme mais si vous n'êtes pas diplômé et que vous disposez malgré tout de compétences en langue vous avez toutes vos chances de vous lancer avec succès dans le métier de traducteur en ligne.

Avantages :

- ✓ L'avantage du métier de traducteur en ligne est qu'il ne nécessite pas de diplôme officiel. Si vous possédez des compétences linguistiques vous pouvez immédiatement vous lancer dans cette activité.

- ✓ Une fois que vous commencez à effectuer des traductions en ligne, vous aurez l'opportunité de développer une clientèle fidèle qui saura faire appel à vos compétences régulièrement.

- ✓ Cette activité permet d'organiser son emploi du temps. Ainsi c'est une activité que l'on peut effectuer de chez soi et cela même si l'on a des enfants en bas âge, des parents dépendants…

Inconvénients :

- ✓ Certains sites obligent les candidats à postuler aux missions de traduction ce qui peut représenter un frein au développement de votre activité. Il est recommandé de s'inscrire sur plusieurs sites à la fois pour multiplier votre clientèle.

- ✓ Les clients demandant des traductions en ligne sont généralement pressés. Cela impliquera de faire preuve de rigueur pour gérer votre emploi du temps et de faire preuve de concentration pour rendre le travail parfait. Offrir un service de livraison le jour même fera bondir vos ventes.

- ✓ La traduction est un métier payé au mot. Il vous faudra multiplier les missions pour générer un revenu. Comme pour tout métier la pratique de celui-ci vous permettra de travailler de plus en plus vite et avec méthode. Il vous faudra persévérer dans les premières semaines en vous rappelant que d'autres personnes en vivent et que vous pouvez vous aussi y parvenir.

3-Rédacteur spécialisé en rédaction SEO (search engine optimization)

Les sites web de commerce ou les blogs sont à la recherche permanente de nouveaux articles à introduire afin d'assurer le bon référencement de leur site sur google et d'optimiser leur visibilité en ligne.

Pour nourrir leurs sites les propriétaires de site n'hésitent pas à faire appel à des rédacteurs pour rédiger des articles ou établir des fiches décrivant leurs produits.

Si vous aimez écrire pour parler de sujets qui vous intéressent le travail de rédacteur vous permettra de vous lancer dans un des métiers les plus amenés à se développer dans les prochaines années.

Ce métier est accessible sans diplôme de journalisme à toute personne maîtrisant une langue et étant capable de rédiger un texte sans faute.

Avantages :

- ✓ L'avantage du métier de rédacteur est que plus vous rédigez plus vous accédez à des articles qui sont bien rémunérés. Le métier peut s'avérer lucratif pour les personnes maitrisant bien la rédaction seo.

- ✓ Le métier est accessible sans diplôme. Une simple formation de quelques heures en e-learning à l'écriture SEO vous permettra d'être efficace très rapidement dans le secteur de l'écriture.

- ✓ Votre emploi du temps sera flexible ce qui vous permettra de gérer vos horaires de travail. Si vous souhaitez commencer votre journée de travail très tôt et la concentrer afin de conserver du temps libre pour le reste de votre journée vous pourrez vous organiser.

Inconvénients :

- ✓ Les commandes d'articles à rédiger sont en générales soumises à un délai de livraison. Il vous faudra respecter le délai imparti pour satisfaire au mieux votre client.

- ✓ Si vous souhaitez rédiger vos articles en français, sachez qu'une grande partie de la clientèle s'adressera à vous en anglais pour vous commander les articles. Contrairement à ce que l'on peut penser, les clients ne sont pas forcément français. Il vous faudra maîtriser au minimum quelques mots d'anglais pour bien comprendre les attentes de vos clients.

- ✓ La rédaction web demande une grande créativité. Il vous faudra vous habituer à devenir un ou une rédactrice web productive en repérant les heures où vous rédigez le mieux pour éviter le syndrome de la page blanche. La rédaction est une gymnastique de l'esprit qui s'apprend. Lorsque vous prendrez l'habitude de rédiger des articles sur tous les sujets, cela deviendra quelque chose de très facile pour vous.

4-Community Manager (animateur de communauté)

Le Community Manager est le représentant d'une entreprise sur le web. Son rôle consiste à fédérer et gérer la communauté des internautes autour de la marque, du produit ou du service, via l'animation des réseaux sociaux (Facebook, Twitter, LinkedIn, Viadeo, Instagram…).

Sa mission consiste à faire vivre les pages des réseaux sociaux pour en faire ressortir une image dynamique et vendeuse.

Si ce poste requiert souvent une formation pour être reconnu comme un professionnel par les grandes entreprises, il n'est pas nécessaire d'être diplômé pour offrir ses services de Community Manager en freelance.

Avantages :

- ✓ Il est possible de travailler pour plusieurs entreprises à la fois. Une fois que vous aurez multiplié les missions, vous pourrez envisager de proposer vos services aux PME en quête d'animations ponctuelles de leurs réseaux sociaux.

- ✓ La multiplication de missions de Community Manager en tant que freelance à la journée, à la semaine ou au mois est une activité très lucrative.

- ✓ Cette activité permet aux passionnés de réseaux sociaux de vivre de leur passion.

Inconvénients :

- ✓ Le démarrage de l'activité de Community Manager est la partie la plus difficile. Avant de vous confier l'image de marque et les codes d'accès de ses réseaux sociaux en ligne, un client voudra vérifier vos références. Il est recommandé de multiplier les missions sur les sites de micro services pour faire vos preuves et de vous établir un profil sur les réseaux sociaux professionnels comme LinkedIn ou Viadeo.

- ✓ L'activité peut mettre plusieurs mois avant de bien se lancer. Il est possible de coupler cette activité avec l'activité de rédacteur web pour compléter vos revenus.

5-Relecteur-correcteur

Bon nombre de personnes ne sont pas à l'aise avec l'orthographe sont à la recherche de personnes capables de relire pour eux leurs documents et le cas échéant de les corriger ou réécrire.

Les logiciels de bureautique ayant leurs limites, l'intervention humaine restera indispensable dans ce secteur dans les décennies à venir.

Pour vendre un produit en ligne ou pour être pris au sérieux dans une entreprise, la maîtrise de la langue française est primordiale. Une personne trouvant des fautes sur un site de e-commerce se méfiera du site pensant qu'il s'agit d'un faux site ou d'un site qui néglige la qualité de ses produits ou services.

Aussi talentueux qu'il puisse l'être un candidat qui communique des documents truffés de fautes d'orthographe à une entreprise sera éliminé d'office.

Une opportunité est à saisir dans ce secteur d'activité pour toute personne qui maîtrise tout simplement la grammaire et l'orthographe.

Avantages :

- ✓ Être relecteur-correcteur n'implique pas de créativité. L'activité se base uniquement sur les compétences en langue.

- ✓ La place de marché de ce secteur d'activité est mondiale. Les clients peuvent faire appel à vous aussi bien en France qu'à l'autre bout du monde. Le marché est immense.

- ✓ La relecture et correction de documents permet de ne jamais s'ennuyer. Les personnes aimant lire éprouveront une grande satisfaction en découvrant le contenu que les clients transmettent (livres, cv, contrats commerciaux, lettres, notices…).

Inconvénients :

- ✓ L'activité est rémunérée au mot. Pour vous lancer et construire votre réputation en ligne, il vous faudra accepter de commencer par une multitude de petites missions peu rémunératrices. Toutefois, celles-ci vous apporteront des avis positifs et contribueront à encourager de plus gros clients à vous confier des missions plus importantes.

- ✓ La disponibilité est nécessaire pour ce genre d'activités. Il vous faudra rester connecter souvent pour recevoir les notifications de commandes. Les clients sont souvent pressés d'être livrés. Si vous savez être disponible et à leur écoute, vous pourrez devenir un pilier incontournable du secteur de la correction.

6-Rédacteur de CV et lettres de motivations

A la fois rédacteur, graphiste et consultant en ressources humaines le rédacteur de CV et lettres de motivations utilise plusieurs compétences pour satisfaire ses clients.

Celui-ci permet aux candidats de gagner en visibilité auprès des recruteurs et de gagner du temps.

L'activité peut commencer par la simple retouche d'un CV en allant jusqu'à une prestation de consulting complète pour aider le candidat à trouver de nouvelles pistes d'orientation professionnelle.

Avantages :

- ✓ Un rédacteur de CV expérimenté travaille vite car il est capable de repérer d'un simple coup d'œil ce qui ne vas pas dans une candidature. Il pourra ainsi multiplier les missions et en tirer un salaire.

- ✓ Un ordinateur et un bon logiciel de bureautique tel que Word suffit au démarrage de cette activité.

- ✓ Les candidats sont pressés d'être livrés. La livraison rapide peut être facturée bien plus chère pour les clients devant présenter leur CV et leur lettre de motivation rapidement.

Inconvénients :

- ✓ Les candidats sont attirés par les personnes qui ont déjà de nombreuses appréciations positives à leur actif. Il vous faudra peut-être vous diversifier dans un premier temps en offrant à la fois des services de rédaction et relecture-correction le temps de vous lancer.

- ✓ Les candidats sont parfois un peu perdus lorsqu'ils font appel à ce genre de services et tentent parfois d'obtenir des conseils gratuits sur leur orientation. Il ne faut pas se laisser déborder et envahir par les clients qui ne vous rapporteront pas plus d'argent que ce pour quoi ils ont payé. Vous pouvez offrir un service de prestation de conseil-coaching supplémentaire en plus du service de rédaction de CV et de lettres de motivation. Dans tous les cas rappelez-vous que tout travail mérite salaire. Vous n'avez pas à culpabiliser de proposer des devis élevés de prestations de conseil.

7-Rédacteur auto-édité d'ebooks (livres numériques)

A l'heure du tout numérique les ebooks n'ont jamais autant tenu leur place. Les clients pressés en quête de lectures disponibles de suite n'hésitent pas à acheter des ouvrages qui les occuperont dans les transports en commun ou qui satisferont leur curiosité.

Si vous aimez écrire pour raconter des histoires ou tout simplement donner des conseils avisés aux gens afin de les aider à améliorer leur vie alors vous pouvez vous lancer dans la rédaction d'ebooks.

Avantages :

- ✓ La rédaction d'ebooks est ouverte à tous quel que soit votre niveau d'études ou d'expertise. Si vous aimez rédiger et que vous avez un message important à faire passer alors cette activité a tout son sens pour vous.

- ✓ Vous n'avez pas à attendre ni à obtenir l'accord d'un éditeur pour faire publier vos ouvrages. Lorsque votre ouvrage est prêt à être publié, il vous suffit de vous connecter aux sites de publication en ligne et de diffuser votre contenu au plus grand nombre.

- ✓ Les plateformes de proposant de vendre des Ebooks offrent l'avantage de proposer des outils très intéressants d'aide à la publication qui sont d'une grande aide pour les novices. Les auteurs de livres pour enfant, de BD ou encore de livres cuisine peuvent ainsi s'assurer que leur livre est bien mis en page et que les images sont bien mises en valeur. Les outils d'aide à la publication sont mis gratuitement à disposition des auteurs qui peuvent mettre en forme leur travail.

Inconvénients :

- ✓ L'inconvénient pour l'auteur d'e-book est de devoir rédiger ses œuvres avant d'être rémunéré. Il faut donc investir de son temps avant de récolter les fruits de son travail. Par contre, une fois que l'ouvrage commence à se vendre celui-ci se transforme en source de revenu automatique. Certains auteurs qui se sont vus refuser la publication de leur livre par des maisons d'édition se sont lancés avec succès en faisant des ventes records. Dans le top 100 des ventes sur les plateformes proposant des eBooks, 40% des ouvrages sont des autoéditions.

- ✓ Être auteur d'e-books implique une créativité et une grande rigueur. Il peut être vite tentant d'abandonner l'écriture pour une autre activité lorsque l'on travaille de chez soi. Il vous faudra avoir un planning rigoureux et le tenir pour ne pas perdre de vue vos objectifs car un auteur d'e-books rédige de nombreux ouvrages à la chaine.

8-Rédacteur d'e-books à la commande

A la différence de l'autoédition, le rédacteur d'e-books à la commande travaille pour des ses clients en rédigeant des e-books sur tous les sujets possibles et imaginables.

Les sujets sont variés allant de la nouvelle à la rédaction d'ouvrages sur le bien-être, le marketing…

Avantages :

- ✓ Être rédacteur d'ebook à la commande permet de tirer immédiatement un revenu intéressant pour votre travail d'écriture.

- ✓ Vous n'avez pas à vous creuser la tête pour trouver un sujet d'écriture. Le client choisit le thème et vous envoie ses requêtes sur le nombre de mots à fournir, le nombre de chapitres…

Inconvénients :

- ✓ Une fois votre ouvrage livré vous ne disposez pas des droits sur les profits. Si votre ouvrage est un succès vous n'obtiendrez pas plus d'argent que le montant initial prévu. Il vous faudra bien négocier les tarifs dès le départ.

- ✓ Le temps imparti pour livrer un e-book commandé est généralement assez court. Cela impliquera d'être prêt à vous concentrer sur un laps de temps assez court pour rendre votre travail à temps.

9-Copywriter-storyteller

Cette dernière variante de la rédaction est une branche lucrative qui vise à rédiger des textes dont le but est de promouvoir un produit ou un service et de convaincre le consommateur de passer à l'acte d'achat.

Mal connu en Europe ce métier est déjà très répandu en Amérique du Nord.

En rédigeant des brochures, des mails dont le but est de vendre, des newsletters, des slogans et en soignant la mise en page le copywriter a pour but ultime de convaincre. Son but vise à suggérer, voire à forger l'avis d'un client sur un produit ou service. Il se veut être à la rédaction sur internet ce qu'un talentueux vendeur de télé-achat est à la télévision.

Avantages :

- ✓ Le copywriter détient des compétences de rédacteur et de vendeur qui sont très recherchées. Si vous détenez les deux compétences vous parviendrez à percer dans le secteur et à devenir un acteur incontournable du métier. Des missions rémunératrices vous seront alors proposées. A titre indicatif, le salaire moyen d'un copywriter aux Etats-Unis est d'environ 60 000 dollars.

- ✓ Effectuer des missions de copywriting vous donnera une idée de l'étendue des opportunités de vente qui s'offrent à vous sur internet. Vous pourrez commencer en exerçant des missions en freelance puis vous rendre compte que vous pouvez également lancer un blog qui vous rapportera de l'argent. Les missions de copywriting sont une source d'inspiration.

Inconvénients :

- ✓ Le copywriter est un créatif et un vendeur né dans l'âme. Pour percer dans ce secteur il vous faudra une créativité sans limite, une bonne capacité rédactionnelle et connaître les ficelles des méthodes de vente. Une affinité avec la vente est nécessaire pour être capable de comprendre les qualités d'un produit ou service et d'en promouvoir la vente par le pouvoir des mots.

✓ Une formation préalable aux techniques de vente ou tout au moins une formation autodidacte par des lectures sera précieuse. Cela demandera aux novices de se former aux techniques de vente et de persuasion avant de se lancer dans cette activité.

10-Ecrivain public à caractère juridique

La montée en puissance d'internet va de pair avec l'augmentation en flèche de créations de sites internet.

Ceux-ci doivent selon la loi comporter des mentions légales avec notamment la politique du site internet comportant les mentions légales, les moyens de paiement acceptés, les conditions de retour.

Lorsqu'une personne crée son site marchand cela représente une partie fastidieuse pour le créateur qui souhaite se concentrer sur la vente de ses produits.

Ainsi, la rédaction de document à caractère légal est un secteur porteur qui permet de faire gagner du temps aux créateurs de site internet.

Vous pouvez également étendre la rédaction de documents légaux à la rédaction de lettres demandées par des particuliers.

Certaines personnes ont besoin d'aide pour écrire aux administrations (impôts, obtention d'un logement social…) ou pour écrire une lettre de réclamation, de rétractation, de demande de financement…

Avantages :

- ✓ Une fois familiarisé avec ce type de rédaction vous effectuez ce type de mission avec facilité car elles reposent toujours sur le même principe. Il vous suffira d'adapter un texte déjà préexistant aux besoins de vos nouveaux clients.

- ✓ En plus de rédiger des documents à caractère légal, vous pourrez offrir à vos clients la possibilité d'effectuer des recherches en ligne pour eux sur la législation en vigueur sur les sujets qui les préoccupent et leur livrer le fruit de vos recherches dans un fichier. Cette prestation vous permettra d'augmenter le panier moyen d'achat de vos clients.

Inconvénients :

- ✓ Le type de mission peut s'avérer répétitif mais il offre l'avantage de ne pas demander trop d'investissement en termes de temps.

- ✓ Une fois réalisée la commande terminée et livrée, le client n'aura peut-être plus besoin de vos services. Pensez donc à toujours livrer votre travail en proposant à votre client la liste de tous les autres services que vous êtes en mesure de lui offrir (rédaction de rubrique FAQ (foire aux questions), rédaction de rubrique à propos pour présenter l'entreprise, rédaction de newsletters mensuelles, rédaction de communiqués de presse. Vous devez toujours garder à l'esprit qu'un client satisfait par vos services peut être fidélisé et faire appel à vous régulièrement.

11-Transcripteur de fichier audio

Le métier de transcripteur consiste à retranscrire un fichier audio en texte qui est livré au client sous forme écrite.

Vous êtes payé pour retranscrire un document oral en document écrit.

(Entretiens, réunions et conférences, cours, vidéos...).

La retranscription peut être totale (mot à mot ou full verbatim). Le fichier est alors retranscrit dans son intégralité avec toutes les répétitions, hésitations, rires, onomatopées, erreurs des erreurs de syntaxe...

La retranscription peut être partielle (épurée ou clean verbatim) avec suppression des hésitations, répétitions et rires, reformulée (avec correction de la syntaxe.

Des sous-titres ou des time codes peuvent être ajoutés aux vidéos pour en augmenter leur visibilité que ce soit pour les sourds ou malentendants, les personnes souhaitant regarder une vidéo sur YouTube ou Facebook sans avoir accès au son...

Avantages :

- ✓ Le métier de transcripteur est un métier mal connu mais très recherché. Si vous êtes rigoureux dans votre travail vous pourrez vous spécialiser dans cette activité qui peut devenir un temps plein.

- ✓ La multitude d'options que vous pouvez proposer en offrant vos services de transcripteur sont une opportunité d'augmenter considérablement le panier moyen de chaque client (retranscription totale, partielle, sous-titrée, ajout de time codes, livraison ultra-rapide…).

Inconvénients :

- ✓ Le début de l'activité de transcripteur peut vous demander un temps d'adaptation. Vos premières missions vous demanderont probablement plus de temps que ce pour quoi vous êtes rémunéré. C'est la pratique qui vous fera devenir efficace et rapide. N'oubliez pas que toute nouvelle activité demande un temps d'adaptation. Ne vous découragez dons pas et donnez-vous le temps de vous lancer.

12-Opérateur de saisie

Comme le transcripteur audio, l'opérateur de saisie informatique est payé pour fournir un document écrit qu'il retranscrit mais à partir d'un autre document écrit (lettre manuscrite, notes écrites, rapport de stage, document scanné, photo). Il peut être aussi amené à travailler sur des listes d'emails, des traitements de formulaires remplis par des clients…

L'opérateur de saisie travaille pour le compte de clients qui manquent de temps pour effectuer ce type de tâches eux-mêmes.

Avantages :

- ✓ Ce genre de mission est facilement accessible aux débutants auxquels les clients n'hésitent pas à donner leur chance car le travail est plutôt simple.

- ✓ Cette activité ne nécessite pas de créativité mais demande une simple exécution des tâches demandées.

- ✓ Cette activité peut être couplée avec l'activité de transcripteur audio.

Inconvénients :

- ✓ L'opérateur de saisie doit bien maîtriser les logiciels de bureautique tels que Word ou Excel.

- ✓ Il est recommandé d'investir dans l'achat de bons logiciels de bureautique (Word, Excel) pour effectuer cette activité avec efficacité et pour fournir un travail de qualité.

13-Enquêteur en ligne

L'enquêteur en ligne effectue des missions recherche sur internet pour le compte d'entreprises ou de particuliers qui manquent de temps.

Certaines personnes ont besoin d'aide ponctuelle ou régulière pour effectuer des recherches à leur place sur internet.

Ainsi les missions peuvent être variées :

-Visiter le site internet de concurrents et donner son avis sur la navigabilité.

-Faire des recherches sur un candidat pour vérifier sa réputation en ligne en vérifiant son passé numérique.

-Etablir la liste de restaurants dans une ville et la fournir à un futur créateur d'entreprise qui veut faire une étude de marché.

-Effectuer une recherche et en fournir un résumé pour des étudiants pressés (revue de presse, liste d'entreprises susceptibles de les recevoir pour un stage…).

Le travail consister à chercher des informations pour autrui en rendant un rapport détaillé.

Avantages :

- ✓ Le métier d'enquêteur en ligne n'est jamais répétitif. Il permet d'effectuer des tâches nouvelles et d'enrichir soi-même ses connaissances.

- ✓ La clientèle est variée ce qui permet d'étendre son champ d'action et d'augmenter ses revenus.

- ✓ Un effet de bouche à oreille positif sur votre travail pourra vous ramener beaucoup d'autres clients.

Inconvénients :

- ✓ Il faut savoir être disponible et ponctuel pour satisfaire le client. Cela implique d'être capable à se mettre à faire des recherches tard le soir ou éventuellement en fin de semaine alors que vous vous apprêtez à partir en week-end.

    Indiquer vos horaires de disponibilité en précisant votre fuseau horaire (exemple : livraison des commandes les jours ouvrables du lundi au vendredi de 8 heures à 20 heures heure de Paris) vous évitera de subir l'impatience de clients pressés. Attention aux jours fériés bien moins nombreux à l'étranger qu'en France ! Un étranger ne comprendra pas le retard lié aux jours fériés à moins que vous le précisiez clairement dans votre profil.

- ✓ Effectuer des recherches en ligne impliquera un bon outil de protection anti-virus à jour. Les recherches que vous effectuerez vous amèneront à visiter de nombreux sites dont certains seront peut-être à éviter.

- ✓ Avant d'être reconnu dans cette activité et devenir le bras droit incontournable d'un certain nombre de personnes, vous aurez à faire vos preuves.

14-Créer un site d'alibis

Les chiffres parlent d'eux-mêmes. Un tiers des femmes françaises ont déjà trompé leur partenaire au cours de leur vie. La proportion d'hommes ayant déjà été infidèles atteint quant à elle presque 50 %.

Dans le secteur de l'emploi, de nombreux candidats à l'embauche n'hésitent pas à fournir de fausses références qui peuvent être vérifiées par l'employeur.

Si la moralité de ce type de site ne représente pas un obstacle pour vous, la création d'un site spécialisé dans la création d'alibis pour menteurs représente un marché très porteur.

Le rôle de l'agence d'alibis en ligne consiste à fournir une excuse avec preuve à l'appui pour valider le mensonge d'une personne.

La mission consistera à téléphoner, envoyer des lettres de convocation à une réunion au domicile d'une personne ou à recevoir des appels en confirmant les dires du menteur.

Avantages :

- ✓ Les clients de ce type de service sont prêts à payer pour le service. Le secteur peut s'avérer très lucratif si vous établissez une grille tarifaire précise des services que vous avez à offrir.

- ✓ Une personne qui ment une fois recommence toujours, le mensonge désensibilisant le cerveau à la pratique du mensonge. Un client gagné est un client gagné pour longtemps.

- ✓ L'aptitude à gérer ce genre d'activité montre une capacité à improviser et à être créatif. Ce genre d'activité peut être couplée avec un travail de rédaction ou de copywriting.

Inconvénients :

- ✓ L'activité pouvant heurter la sensibilité des gens vous hésiterez peut-être à en parler autour de vous ou à la mettre en valeur sur les réseaux sociaux professionnels.

✓ Il vous faudra créer un site internet marchand ce qui impliquera quelques frais au départ. Si vous ne souhaitez pas engager de dépenses, vous pourrez toujours offrir vos services sur les sites de micro-services qui aideront ensuite au référencement de votre site lorsque vous le créerez.

15-Consultant en e-réputation

Avec la montée en puissance d'internet et des réseaux sociaux en à peine une décennie, certaines personnes n'ont pas mesuré les conséquences de leurs interventions sur les réseaux sociaux.

Les exemples sont nombreux (personnes alcoolisées photographiée lors de soirées étudiantes, articles de journaux mentionnant le nom et la condamnation judiciaire d'une personne, restaurants victimes de faux avis de clients…).

Le rôle du consultant en e-réputation est d'effectuer un travail de nettoyage digital en déréférençant ou en obtenant la suppression de certaines données sur les sites impliqués. L'activité peut être réalisée de manière préventive en amont avant qu'un bad buzz se répande ou de manière curative. Il s'agit alors de trouver des solutions pour réparer le mal qui a été fait au client.

Si vous maîtrisez les bases du référencement sur internet et que vous souhaitez exercer un métier qui aura pour vocation d'aider les gens en détresse alors cette activité saura vous satisfaire tout en vous apportant un revenu.

Avantages :

- ✓ Cette activité peut être exercée de chez vous. A moins que vous souhaitiez accueillir des clients à votre domicile cette activité peut être totalement digitale. Une simple connexion internet et des contacts par webcam, téléphone et mails suffisent.

- ✓ Un consultant en e-réputation connait toutes les ficelles du référencement. Vous pouvez offrir en plus un service d'optimisation du référencement pour les entreprises (PME, microentreprises) afin d'augment le panier moyen des services que vous avez à offrir.

Inconvénients :

- ✓ Cette activité implique d'être disponible y compris le week-end pour répondre aux prospects qui vous contactent.

- ✓ Il vous faudra bien estimer le temps passé à nettoyer les réputations. Il est conseillé d'effectuer un devis après étude personnalisée de la situation de la personne. Certaines personnes ayant un lourd passé numérique cela peut représenter un grand nombre d'heures de travail.

16-Créateur de formation digitale en e-learning

La formation en e-learning offre la possibilité aux gens qui le souhaitent de se payer une formation qu'ils suivront de chez eux en vue de se former à de nouvelles compétences.

Le domaine des formations proposées sur internet est vaste allant des formations en développement web aux formations en photographie ou en musique.

Si vous disposez de compétences que vous pouvez transmettre, vous pouvez envisagez de créer des formations en ligne.

A la différence du professorat en ligne, vous n'avez pas de contact régulier avec votre élève. Il suffit à la personne qui décide de suivre votre formation de la télécharger via un site spécialisé en e-learning ou via votre propre site web.

Avantages :

- ✓ Une fois en ligne, la formation peut être achetée par un grand nombre d'internautes. Vous n'avez pas besoin de vous en occuper. Vous pouvez ainsi consacrer votre temps à la création de nouveaux cours.

- ✓ Une fois en ligne, une formation devient un revenu passif.

Inconvénients :

- ✓ Il vous faudra créer la formation avant de commencer à la vendre. Cela impliquera de consacrer un peu de temps à la création de la formation avant de commencer à en tirer un revenu. Coupler cette activité avec une activité de professeur en e-learning vous donnera le temps de vous lancer avant de commencer à faire vos premières ventes.

17-Développeur et intégrateur web

Un développeur web est un informaticien spécialisé dans la programmation ou dans le développement d'applications qui sont exécutées à partir d'un serveur web sur un navigateur web et qui utilisent le protocole HTTP comme vecteur de transmission de l'information.

Les développeurs Web interviennent à la fois côté serveur et au niveau frontend.

Les applications web modernes contiennent souvent trois niveaux ou plus. Le développeur peut se spécialiser sur un ou plusieurs de ces niveaux ou peut jouer un rôle interdisciplinaire intervenant à tous les niveaux.

L'intégrateur web intègre les nouvelles pages que le client souhaite voir sur son site d'après la maquette qui lui est envoyée. Cela peut être un blog, comme un site vitrine ou un site plus complexe type e-commerce/forum.

Avantages :

- ✓ L'activité ne demande pas forcément d'effectuer de longues études. Si vous êtes débrouillard vous pouvez facilement acquérir le savoir nécessaire en vous formant seul en ligne.

- ✓ La spécialisation dans la vente d'applications aux particuliers qui souhaitent créer un revenu automatique représente un marché de plus en plus important. Les clients ne sont plus seulement des entreprises. Avec la montée en puissance du drop shipping, vous pouvez vous spécialiser dans la création de boutique clé en main Shopify.

- ✓ L'activité se prête bien au service de maintenance et réparation de bugs.

Inconvénients :

- ✓ Il faut être rigoureux et capable d'organiser son travail pour pouvoir rendre le travail à l'heure.

- ✓ Les clients peuvent parfois confondre intégration et création de site web. Il faut bien établir votre grille tarifaire et la nature de vos prestations pour ne pas vous laisser déborder. Vous pouvez offrir une prestation pour la création de site internet ou d'application en créant des maquettes. Prendre le temps de préparer la grille de vos prestations ne sera pas une perte de temps.

18-Digital marketeur

La rentabilité d'une boutique en ligne sur internet dépend directement de sa visibilité sur le web.

Ainsi, vous pouvez offrir au client la possibilité d'effectuer un audit de son site/blog et lui offrir ensuite une solution clé en main en vue d'augmenter son trafic pour convertir les visites sur son site en ventes.

La création de backlinks est une activité souvent négligée par les personnes néophytes qui créent seuls leur site web.

Vous pouvez aussi aider le propriétaire d'un site à se constituer une liste d'emails pour qu'il puisse ensuite contacter ses prospects.

Avantages :

- ✓ La prestation de conseil en référencement est une activité qui peut être réalisée 100 % en ligne.

- ✓ Une fois reconnu dans le secteur vous attirez de plus en plus de clients ce qui fera de vous un expert reconnu. Cela vous donnera toute légitimité pour vendre des formations digitales.

Inconvénients :

- ✓ Pour vous faire connaître il vous faudra démarrer votre activité sur des sites de micro services. Cela impliquera d'accepter de réaliser des missions peu rémunérées au départ. C'est votre expérience qui contribuera à renforcer votre légitimité en tant qu'expert. Utiliser les réseaux sociaux professionnels (LinkedIn, Viadeo), donnera plus de visibilité à votre expertise.

19-Maquettiste

Le maquettiste est celui qui met en forme les magazines, journaux, sites web ou applications mobiles pour les rendre agréable à regarder.

La mise en forme du contenu est valorisée par une belle mise en page dont le but est de retenir l'attention.

Le métier de maquettiste est de plus en plus externalisé, les sociétés faisant appel à des prestataires freelances.

Avantages :

- ✓ Des formations à distance permettent de se former à l'infographie PAO (publication assistée par ordinateur). L'avantage des formations en ligne est de permettre de commencer à se former à n'importe quel moment de l'année sans perdre de temps.

- ✓ De nombreux tutoriels disponibles sur YouTube peuvent vous aider à vous former gratuitement à l'utilisation des logiciels.

- ✓ Le client étant à la recherche d'un travail rapide et bien réalisé, c'est avant tout pour votre réactivité et votre talent que vous serez choisi. Un portfolio de ce que vous savez réaliser sera votre meilleure carte de visite.

Inconvénients :

- ✓ Devenir maquettiste implique de posséder les logiciels de publication par ordinateur. Ces logiciels impliquent un investissement mais cela sera votre outil de travail pour longtemps.

- ✓ Les clients attendent d'être livrés rapidement. Il vous faudra être organisé et autonome pour satisfaire les commandes reçues.

- ✓ Il faut être capable de travailler en anglais pour trouver des clients hors des frontières.

20-Graphiste designer

Le graphiste designer répond à la demande des entreprises ou des particuliers. L'opportunité d'offrir ses services est vaste cela allant de création de logo, flyers, cartes de visite, couverture d'e-books à la création de bannières publicitaire pour sites internet. Vous pouvez également être amené à retravailler des photos en les détourant ou à créer des designs qui seront diffusés sur des t-shirts, coques d'I phones…

Avantages :

- ✓ Le métier permet de diversifier son offre et de toucher de nombreux clients sur internet en fournissant des prestations freelances à la commande.

- ✓ Le graphiste designer peut aussi proposer directement ses créations à la vente (sites de vente de produits customisés, banques d'images libres de droit).

Inconvénients :

- ✓ Commencer dans le métier demande une bonne connaissance des logiciels mais les passionnés peuvent apprendre à se former avec des tutoriels sur YouTube.

- ✓ Le démarrage de l'activité demande un investissement financier pour s'équiper d'un matériel informatique efficace capable de traiter les images rapidement.

21-Créateur de plans d'architecture

Certains particuliers ont des projets de rénovation ou de construction bien précis qu'ils veulent entreprendre eux-mêmes (appartement, maison, cuisine, salle de bain…) mais ne disposent pas des compétences pour modéliser leur projet. Ne souhaitant pas pour autant se rendre chez un cuisiniste ou chez un architecte d'intérieur ils peuvent faire appel à des créateurs de plans. Si vous avez des compétences dans le domaine vous pouvez aider les particuliers à modéliser leur projet.

Avantages :

- ✓ En plus des plans, vous pouvez facturer la réalisation d'images sous un angle différent, la réalisation d'une vidéo représentant le projet ou y associer une offre de décoration d'intérieur. Prendre le temps d'établir votre grille tarifaire pourra augmenter votre chiffre d'affaire de manière significative.

- ✓ Le bouche à oreille est très efficace dans ce secteur. Un client satisfait pourra vous recommander à ses amis. Il pourra vous être judicieux de mettre en place un système de parrainage.

Inconvénients :

- ✓ Il faut être capable de maîtriser les logiciels de modélisation (SketchUp, Autocad, ArchiCAD et Artlantis Studio…).

- ✓ Il vous faudra investir dans l'achat d'un ordinateur permettant d'effectuer un travail rapide et dans l'achat des logiciels.

22-Spécialiste en retouche de photos

Que ce soit en provenance des particuliers ou des professionnels, les besoins en retouche ou montage de photos sont importants.

Devenir freelance en retouche et montage de photos vous permettra de toucher un public varié comme les créateurs de bijoux qui ont besoin de mettre en valeur leurs produits pour bien les vendre, les particuliers qui souhaitent améliorer une photo avant de l'encadrer.

Le spécialiste en retouche de photos pourra aider ses clients à créer un fond blanc, éliminer des rides, des boutons et imperfections, améliorer le teint, blanchir les dents, améliorer le regard et sa couleur, ajuster l'éclairage / contraste, supprimer des objets indésirables...

Les personnes qui manquent de temps comme les vendeurs en ligne ou les personnes qui n'ont pas les compétences en photographie n'hésitent pas à faire appel à ces services qui représentent une activité à part entière.

Avantages :

- ✓ Le marché de la retouche ou montage photo est porteur tant au niveau des professionnels que des particuliers. Cela augmente les possibilités de réaliser un chiffre d'affaire intéressant.

- ✓ Une fois les logiciels de photo maîtrisés, vous augmenterez votre productivité en travaillant vite et bien. Cela vous libérera du temps pour satisfaire plus de clients ou pour vous libérer du temps.

Inconvénients :

- ✓ Seuls les logiciels payants comme Photoshop offrent un rendu de qualité. Il vous faudra donc investir dans l'achat de ce type de logiciel. Si vous envisagez de devenir un spécialiste de la photo depuis votre domicile l'investissement en vaudra la peine.

- ✓ Un ordinateur performant est indispensable pour travailler correctement les images. Là aussi vous aurez à investir dans un équipement de qualité.

23-Assistant virtuel ou concierge en ligne

Comme son nom l'indique le concierge en ligne effectue des tâches pour le compte de clients pressés qui manquent de temps mais qui gagnent très correctement leur vie.

Si vous êtes débrouillard et que vous avec le contact facile, vous pourrez facilement devenir celui ou celle dont un entrepreneur a besoin pour lui faire gagner du temps.

Ainsi, réserver les billets pour une personne, lui faire ses courses en ligne suivant une liste qu'il vous transmet, son prochain vol ou encore lui prendre rendez-vous chez le coiffeur font partie des attributions du concierge en ligne.

L'assistant virtuel intervient dans la vie réelle du client depuis chez lui. Cela permet d'être l'assistant virtuel de plusieurs personnes à la fois dans le monde.

Vous pouvez également être amené à rédiger des courriers, mails, faxer des documents ou passer et recevoir des appels au nom de votre client.

Avantages :

- ✓ Le marché étant mondial votre marché n'a pas de frontière. Cela vous donne la possibilité d'être contacté par des clients avec des moyens financiers importants dans le monde entier. Si commencer sur les plateformes de freelances est recommandé vous pourrez par la suite créer votre site internet pour être contacté directement par vos clients.

- ✓ Un client satisfait saura vous récompenser si vous le fidélisez. La pratique culturelle du pourboire est très répandue en Amérique du Nord ou à Singapour. Un client satisfait pourra se montrer très généreux avec vous en vous gratifiant d'un montant supplémentaire par rapport au montant prévu initialement. Les efforts sont reconnus et gratifiés dans la culture anglo-saxonne.

- ✓ Devenir l'assistant en ligne de personnes influentes est un excellent moyen de lancer votre carrière dans un secteur en établissant de précieux contacts professionnels. Une réputation virtuelle solide pourra vous ouvrir bien des portes à l'étranger.

Inconvénients

- ✓ Les clients sont exigeants et pressés. Il vous faudra tenir compte du décalage horaire et vous y adapter. Ainsi si vous avez un appel à passer ou à recevoir, vous devrez parfois vous levez très tôt ou veiller très tard.

- ✓ La maitrise d'une ou plusieurs langues est vivement recommandée. L'anglais est la langue incontournable. Si le métier est en cours d'expansion en France, il vous faudra tout de même rechercher des clients à l'étranger. L'opportunité de faire un excellent chiffre d'affaire est immense pour quiconque est débrouillard.

- ✓ Même si vous pratiquez cette activité depuis votre domicile, cette activité implique une maîtrise des bonnes manières et un langage parfait. Cela signifie que vous devrez porter attention à votre accent et être capable de toujours garder votre calme en toute circonstance. Patience, rigueur et savoir-vivre sont les qualités indispensables à l'exercice de cette activité.

24-Secrétaire à domicile

A la différence de l'assistant virtuel, le ou la secrétaire à domicile répond à des besoins techniques précis d'entreprises qui ne souhaitent pas ou ne peuvent pas accueillir de secrétaires sur leur lieu d'activité.

Ainsi vous pourrez vous spécialiser dans le secteur de l'envoi de devis, la facturation, la réalisation de fiches de paie, gérer des dossiers administratifs tels que le contrôle de note de frais, changer les cartes grises de véhicules, saisir les amendes automobiles…

Le ou la secrétaire à domicile possède des qualifications précises. Il ou elle intervient essentiellement sur le territoire national car elle connait bien les règles administratives en rigueur.

Vous pourrez également devenir secrétaire médicale prenant les rendez-vous des patients.

Avantages :

- ✓ Le métier permet une grande flexibilité horaire et la possibilité de s'orienter selon sa spécialité. Si vous avez une formation en gestion administrative et/ou commerciale d'entreprise vous pourrez facilement vous lancer dans cette activité en tant que freelance.

- ✓ Un client satisfait par vos services de secrétaire est un client qui reviendra. Vous aurez la possibilité d'établir des partenariats durables avec plusieurs entreprises augmentant ainsi votre rémunération.

Inconvénients :

- ✓ L'exercice de la profession implique une bonne maitrise des outils bureautique (pack office). Il est recommandé de suivre une mise à niveau si vous n'avez pas utilisé les logiciels de bureautique depuis longtemps.

- ✓ En tant que secrétaire indépendant(e) vous devez posséder tout le matériel nécessaire à l'exercice de votre activité (ordinateur, logiciels de bureautique, fax, téléphone). Cela représente un investissement de départ qu'il vous faudra avancer avant de vous lancer dans l'activité.

25-Comédien voix-off

Le métier de voix-off est une compétence très recherchée par les entreprises qui ont besoin de créer des enregistrements vocaux concernant des notices explicatives, des lectures de compte rendu, créer des livres audios, des jingles pour annonces publicitaires, des doublures de vidéo, du contenu vocal pour Escape Game…

Ce métier est accessible à toute personne ayant une bonne diction et pouvant travailler dans un environnement sans bruit.

Si vous maitrisez l'anglais ou toute autre langue étrangère, sachez que votre accent en tant que locuteur français sera une caractéristique très appréciée. Un français ou une française qui parle anglais avec son accent français est une compétence très recherchée car cela apporte une image pleine de charme au produit ou service que le client souhaite mettre en valeur.

Avantages :

- ✓ L'activité demande concentration pour ne pas avoir à recommencer son enregistrement plusieurs fois mais une fois le travail réalisé vous n'avez pas à vous concentrer durablement. Le travail de voix-off est un emploi agréable pour les personnes qui aiment parler et chanter.

- ✓ Le métier de voix-off ne requiert pas de formation particulière. Vous devrez simplement maîtriser votre diction, vos intonations et le matériel d'enregistrement.

- ✓ Les besoins sont variés. Cela permet aux personnes hommes ou femmes avec une voix grave ou aiguë d'avoir leur chance d'exercer dans le secteur.

- ✓ Vous pouvez augmenter votre chiffre d'affaire en proposant l'ajout de bruits, de musique libre de droit…Les options à ajouter sont nombreuses.

Inconvénients :

- ✓ Fournir un travail de qualité demande un matériel de bonne qualité. Cela impliquera un investissement minimal de départ.

- ✓ Pour avoir des clients il faudra faire entendre votre voix. Il est conseillé d'utiliser des outils comme YouTube pour diffuser des vidéos contenant les différentes voix et tonalités que vous pouvez offrir (voix grave homme, voix enfant, voix pour dessin animé…)

26-Ingénieur du son

Le métier d'ingénieur du son est un métier qui peut s'exercer à domicile. La mission de l'ingénieur du son est de retravailler les enregistrements audios transmis par ses clients (chansons, vidéos, textes audios) pour en améliorer la qualité en nettoyant le son.

L'ingénieur du son est spécialisé en mastering. C'est la dernière étape de la fixation sonore d'une musique : enregistrement - mixage - mastering.

Avantages :

- ✓ Ce métier peut être pratiqué à domicile permettant d'organiser son emploi du temps.

- ✓ L'activité en tant que freelance sur le web ne nécessite pas forcément d'être diplômé dans le secteur. Si vous êtes passionné par le secteur musical il y a de fortes chances que vous ayez déjà acquis les compétences nécessaires à l'exercice de cette activité.

- ✓ Si vous pouvez accueillir des clients chez vous, vous pouvez proposer à des particuliers de produire leur propre single. Ainsi même les gens qui ne savent pas chanter peuvent acheter vos services pour sortir leur propre album.

Inconvénients :

- ✓ Comme pour toute activité spécialisée, il est important d'investir dans un matériel de qualité pour pouvoir satisfaire vos clients.

- ✓ Il est conseillé de pouvoir exercer cette activité dans un endroit calme. L'idéal est de pouvoir constituer votre studio d'enregistrement à votre domicile.

27-Compositeur

Le compositeur est un musicien créatif capable de composer une mélodie pour la vendre à ses clients.

Si vous avez des compétences en musique vous pouvez offrir vos services de compositeur à des particuliers ou à des professionnels.

Avantages :

- ✓ Le compositeur travaillant à son domicile peut utiliser de vrais instruments ou pratiquer la musique assistée par ordinateur. Cela offre la possibilité d'offrir un vaste choix au client.

- ✓ Le compositeur choisit de céder ou non ses droits. Ainsi si votre musique devient un succès et que vous avez conservé les droits dessus, vous pourrez toucher des redevances supplémentaires.

- ✓ Si les droits d'auteur ne sont pas cédés, vous pouvez demander au client de signer un contrat d'exploitation (service à facturer en plus de la création artistique).

Inconvénients :

- ✓ Pour bien vivre de son activité, le compositeur exerce souvent en plus des missions d'ingénieur du son et de parolier. Par contre, le fait d'être polyvalent vous offre l'opportunité de vous lancer sur les plateformes musicales.

- ✓ Le bouche à oreille créée le succès et l'envie de faire appel à vos services. Une présence sur les réseaux sociaux et les plateformes de musique en ligne est recommandée pour aider à lancer votre réputation.

- ✓ Même si cela peut paraître fastidieux, n'oubliez pas d'envoyer votre musique aux radios locales. Il suffit d'une bonne rencontre pour tout changer.

28-Parolier

Le parolier créée les textes qui accompagnent les mélodies. C'est une compétence à part entière qui requiert créativité et sens du rythme.

L'avantage de ce métier est qu'il peut être exercé sans diplôme et qu'il ne requiert pas de posséder un studio d'enregistrement à domicile.

Cette activité peut être facilement couplée avec une activité de rédaction ou avec une activité d'ingénieur du son, compositeur si vous disposez du matériel adéquat.

Avantages :

- ✓ L'activité peut être réalisée par toute personne créative avec ou sans diplôme.

- ✓ Le parolier peut travailler sur une multitude de styles musicaux (rap, RnB, slam, rock, comptines pour enfants…).

- ✓ Le parolier qui peut exercer comme auteur-compositeur-interprète se verra attribué la totalité des redevances qui lui sont dues s'il gère le processus de création musicale du début à la fin.

- ✓ Le parolier peut travailler pour les autres et pour ses propres besoins. S'il le souhaite il peut vendre les droits d'auteur à son client pour augmenter son chiffre d'affaire.

Inconvénients :

- ✓ L'activité demande créativité et sensibilité artistique. Si aucune formation n'est requise, participer à quelques ateliers d'écriture pourra vous aider à éviter le phénomène de la page blanche.

- ✓ Pour gagner correctement sa vie le parolier est souvent amené à exercer une autre activité (ingénieur du son, compositeur). Le parolier peut aussi envisager de proposer ses services comme comédien voix-off pour diversifier ses revenus.

29-Créateur monteur de vidéos

Le créateur de vidéos est amené à réaliser des vidéos dont le but est de promouvoir un produit, de mettre en valeur une entreprise en expliquant son fonctionnement et ses valeurs ou encore d'effectuer le montage de vidéos pour des particuliers (mariage, baptême, anniversaire, vacances…).

Avantages :

- ✓ Les entreprises qui veulent assurer une présence sur le web avec un bon référencement doivent communiquer. Les vidéos sont un moyen pour elles de se promouvoir sans dépenser de l'argent dans de grandes campagnes publicitaires coûteuses. En introduisant des vidéos sur leurs sites web ou en diffusant sur les réseaux sociaux elles s'assurent ainsi de renforcer leur identité digitale. Pour réaliser les vidéos elles ont besoin de prestaires. Chaque entreprise représente un client potentiel.

- ✓ De plus en plus d'entreprises font appel aux vidéos storytelling pour accentuer les émotions des clients.

Une vidéo est créée pour raconter l'expérience d'un client le but étant que le spectateur de la vidéo s'identifie à l'histoire racontée. C'est l'une des branches les plus lucratives de la création de vidéos.

- ✓ Les particuliers représentent également un marché important. Pour garder un souvenir des plus beaux jours de leur vie, les clients n'hésitent à investir dans un service de montage de vidéo de qualité (ajout de musique, présentation…). Les mariages, naissances, anniversaires sont des événements de la vie pour lesquels les clients comptent moins leur argent. Une prestation de montage ne représente pas grand-chose comparé au prix total d'un mariage. C'est un marché intéressant à saisir pour se positionner comme un spécialiste du secteur. N'hésitez pas à contacter les personnes travaillant dans l'organisation d'événements (wedding planners) pour entrer dans leur réseau de prestataires.

- ✓ Vous pouvez compléter vos services en proposant de sous titrer la vidéo, en offrant d'intégrer les vidéos directement sur les sites ou réseaux sociaux, rédiger les scripts de storytelling…Proposer des packs complets de vos services vous permettra d'augmenter le panier moyen d'achat de vos clients. Chaque service supplémentaire est à facturer.

Inconvénients :

- ✓ Proposer en plus des vidéos en motion design est un atout pour l'activité de créateur vidéos (la vidéo en motion design est une vidéo qui se compose d'éléments graphiques animés en 2D ou 3D). Cela implique la maitrise de logiciels de graphisme.

- ✓ Il est indispensable d'investir dans du matériel informatique de qualité pour travailler efficacement. Cela représente un investissement financier de départ.

- ✓ S'initier aux grands fondements du digital marketing est important. Il n'est pas nécessaire d'avoir un diplôme dans le secteur mais il est recommandé de vous informer. Pour être efficace, il vous faut connaître ce dont les clients ont besoin.

30-Attaché de presse digital

Faire appel à un attaché de presse n'est plus un service réservé aux grands groupes internationaux. Avec internet, tout le monde peut faire appel aux services d'un attaché de presse.

L'attaché de presse digital propose de mettre en avant un produit, une entreprise, une innovation, un événement, un nouveau site web… Il aide son client en aidant à préparer toute la partie communication et diffusion. En rédigeant un communiqué de presse il permet par exemple à un nouveau restaurant de se faire connaître auprès de de milliers de clients. La relation presse permet de s'exposer et de promouvoir tout type de produits/services en tout lieu. L'attaché de presse contacte au nom de son client les journalistes, journaux, magazines comme Forbes France, blogueurs, radios, TV...

Avantages :

- ✓ La rédaction d'un communiqué de presse est une activité à part entière qui peut s'avérer lucrative car les besoins sont immenses.

- ✓ Vous pouvez travailler sur le marché francophone uniquement si vous le souhaitez. Si vous maîtrisez une autre langue vous pouvez également proposer vos services dans cette langue.

- ✓ En tant qu'attaché de presse vous avez une obligation de moyens, pas de résultats. Cela signifie que votre travail consiste à contacter les différents médias mais que le retour financier du communiqué de presse relève de la responsabilité de l'entreprise. Vous devrez par contre fournir la preuve que le travail a été bien réalisé (capture d'écran de l'envoi des messages envoyés par exemple).

Inconvénients :

- ✓ Une formation d'attaché de presse n'est pas indispensable mais il est fortement recommandé de se former aux techniques de communication par des lectures. Un travail autodidacte est recommandé pour bien vous préparer et renforcer votre image de professionnel auprès de votre client.

31-Rédacteur de business plans

Le rôle du créateur du business plans est d'effectuer une étude de pour le compte de son client afin de vérifier la rentabilité de son projet (les besoins de démarrage, le financement des besoins, les charges, le chiffre d'affaires et l'analyse du seuil de rentabilité du projet) avant de réaliser un plan prévisionnel sur trois ans.

Le business plan étant une étape indispensable à l'obtention d'un prêt de banque ou d'un financement, les créateurs d'entreprises ne souhaitent pas toujours focaliser leur attention sur cet aspect de leur projet préférant le déléguer à des personnes compétentes dans le domaine.

Le rédacteur d'un business plan peut aussi offrir la réalisation d'une étude de marché complète du secteur d'activité

Il est indispensable de mener une étude de marché avant de créer une entreprise ou avant de lancer une activité génératrice de revenu.

Cela permet à l'entrepreneur d'avoir une idée exacte sur la chance de réussite de l'investissement et de minimiser les risques d'échec.

Avantages :

- ✓ Si vous avez effectué des études en lien avec la création d'entreprises, cette activité vous permettra d'exercer vos compétences à votre compte en tant que consultant sans avoir à attendre d'être introduit dans une entreprise.

- ✓ Effectuer des business plans est une activité unique. Chaque nouvelle étude est différente. En plus d'apprendre de nouvelles connaissances sur les marchés vous ne vous ennuierez jamais en effectuant ce genre de missions.

- ✓ Réaliser des business plans est une activité qui apporte reconnaissance de votre savoir-faire. Les clients pour lesquels vous réalisez ce genre d'études sont de manière générale très reconnaissants et satisfaits d'avoir trouvé vos services.

Inconvénients :

- ✓ Pour faire des business plans avec des études de marché de qualité, il faut savoir se tenir informé des évolutions des marchés et être capable de rechercher les informations nécessaires. Un esprit curieux et synthétique est nécessaire.

- ✓ L'activité demande parfois à ajuster votre travail à la demande du client pour que son projet de financement soit le plus cohérent possible. Il faut parfois s'entretenir avec le client à plusieurs reprises pour pouvoir lui fournir un travail précis. La contrepartie est qu'en raison de l'investissement horaire, la rémunération est intéressante dans ce secteur d'activité.

32-Consultant en veille concurrentielle

La mission du consultant en veille concurrentielle est d'observer et analyser les pratiques d'un concurrent commercial (boutique, blog…) dans le but de fournir un rapport détaillé sur les pratiques commerciales.

Le but est de permettre au client de se faire une idée plus précise des techniques utilisées pour vendre, capter du trafic…et de révéler les clés du succès du concurrent tels que ses mots clés sur internet, le comportement des fans sur les réseaux sociaux, ce qu'ils disent, quand ils se connectent. Le prix des produits peut être également être analysé.

Le consultant en veille concurrentielle digitale observe et met en évidence ce qui ne saute pas forcément aux yeux du client qui n'a pas forcément le temps d'espionner ses concurrents.

Avantages :

- ✓ Le métier de consultant en veille concurrentielle n'exige pas de diplôme. Si vous êtes un bon observateur et que vous aimez faire des recherches sur le net, cette activité vous correspond.

- ✓ Le process d'audit pour l'analyse de la veille concurrentielle est toujours le même. Une fois que vous aurez établi la manière dont vous effectuez les audits vous pourrez appliquer la même méthode à tous vos clients, ce qui représentera un gain de temps considérable.

Inconvénients :

- ✓ L'activité implique de réaliser un travail de préparation pour pouvoir proposer une grille tarifaire de vos prestations à vos clients. Il faut effectuer un travail de préparation en amont avant de commencer à exercer les premières missions.

- ✓ Il est conseillé de posséder un compte sur chaque réseau social pour pouvoir se connecter à la demande des clients. Cela peut représenter une petite perte de temps au départ de l'activité.

33-Téléprospecteur

Le téléprospecteur travaille de chez lui pour convaincre des clients particuliers ou professionnels de répondre à des sondages, à prendre des rendez-vous commerciaux, à répondre à des enquêtes de satisfaction, effectuer de la relance de clientèle...

Le téléprospecteur en freelance facture le nombre de personnes qu'il va contacter à partir d'une liste fournie par le client. Plus il y a de prospects à contacter, plus le service est facturé.

Avantages :

✓ Le travail de téléprospecteur ne demande pas beaucoup d'investissement en matériel. Une simple ligne téléphonique de qualité avec forfait illimité permet d'effectuer les missions confiées.

✓ Les personnes qui aiment la vente seront satisfaits de pouvoir s'entraîner à renforcer leur pouvoir de persuasion à la chaîne. La téléprospection est l'une des meilleures activités pour se former à la vente et renforcer son expérience.

Inconvénients :

✓ Le téléprospecteur doit avoir un tempérament persévérant et ne pas être trop sensible car les prospects peuvent parfois se montrer agressifs (relance de paiement de facture par exemple). Il faut être capable de justifier les refus des prospects auprès des clients rétribuant les missions.

✓ Les missions de téléprospection impliquent souvent d'appeler chez les prospects en soirée lorsqu'ils rentrent du travail. Le travail implique souvent de travailler en soirée.

34-Coach pour créateur de boutique en ligne

Internet offrant la possibilité au plus grand nombre de proposer ses services, nombreux sont les créateurs de créations artisanales (bijoux, couture, tricot…) à vouloir créer leur boutique sur des des plateformes de vente en ligne.

Le coach en création de boutique en ligne apporte à des clients qui ont un savoir faire la possibilité de bénéficier des compétences d'un professionnel de la vente en ligne. Le coach pour créateur de boutique peut ainsi aider à trouver un nom accrocheur, un slogan, fournir des conseils pour la rédaction des nomenclatures de produits, donner des conseils sur la fidélisation de la clientèle, comment augmenter le panier moyen de chaque acheteur par des techniques marketing simple.

Le coach de créateur de boutique peut offrir en plus un pack de création de boutique clé en main allant de la création du compte à l'insertion des premiers produits en ligne.

Le coach peut aider le créateur qui s'est déjà lancé à comprendre pourquoi ses ventes ne décollent pas.

Avantages :

- ✓ Le coach de créateur de boutique en ligne peut facturer des services à la carte ou des packs complets de création. De nombreuses opportunités sont à saisir pour aides les néophytes qui se lancent dans la vente la ligne.

- ✓ Des prestations audit-conseil peuvent s'ajouter pour aider les nouveaux créateurs de boutique à comprendre pourquoi leurs ventes ne décollent pas.

- ✓ Vous pourrez tirer parti de votre expérience de coach en publiant un livre sur le sujet, de quoi augmenter vos ventes. Vous aurez même matière à nourrir un blog.

Inconvénients :

- ✓ Le coaching assure une relation privilégiée durant une durée déterminée entre le coach et son client. Cela implique une grande disponibilité pour être à l'écoute de son client et être capable de l'orienter dans la bonne direction. Il n'est pas rare de recevoir des appels en soirée et le week-end.

- ✓ Votre réputation se construira par un phénomène de bouche à oreille. Vous pourrez tirer parti des communautés de créateurs échangeant sur les forums des plateformes de vente en ligne.

35-Vendeur d'articles digitaux téléchargeables pour loisirs créatifs

Les personnes désireuses de lancer un commerce en ligne pensent en premier lieu à créer une boutique qui expédiera des articles physiques.

Or, le marché des objets digitaux à télécharger en « instant download » représente un autre marché de vente sur internet.

Si l'on pense en premier lieu au téléchargement d'e-books, on pense moins à la possibilité de vendre des patrons pour loisirs créatifs (couture, crochet, tricot, clipart, scrapbooking, tutoriels pour fabriquer ses bijoux, ses produits de beauté…).

Avantages:

- ✓ Le produit numérique téléchargeable de manière instantanée répond à un besoin d'achat immédiat du client qui souhaite se faire plaisir pour ses loisirs créatifs.

- ✓ Les personnes qui souhaitent élaborer un projet créatif aiment trouver des articles à acheter de manière sécurisée sans avoir à prendre de risque de visiter des sites frauduleux risquant de les hameçonner.

- ✓ La vente d'objets digitaux offre l'avantage de ne pas avoir de frais de livraison.

- ✓ Un client satisfait pourra devenir un client fidèle. Si vous introduisez régulièrement de nouveaux articles, les clients qui vous suivent les achèteront régulièrement comme ils achètent leur revue préférée au kiosque à journaux. Les clients aiment s'offrir des petits plaisirs à prix abordable. N'hésitez pas à contacter la presse spécialisée dans les loisirs créatifs car votre boutique pourrait faire l'objet d'un article.

- ✓ Vous pourrez traduire vos tutoriels en anglais pour gagner encore plus de clients. N'oubliez pas que les unités de mesure métrique et certains termes (crochet) ne sont pas les mêmes en français et en anglais.

Inconvénients :

- ✓ La création d'un contenu digital demande une préparation en amont. Il faut préparer l'article numérique avec soin avant même qu'il ne soit mis à la vente et donc qu'il commence à rapporter. Cela implique rigueur et motivation pour persévérer.

N'hésitez pas à visiter les boutiques anglophones faisant des dizaines de milliers de vente sur Etsy pour vous donner du courage et de l'inspiration sans les copier pour autant (patron=pattern en anglais).

- ✓ La création d'articles numériques demande une bonne connaissance dans différents domaines. Il faut être capable de prendre de bonnes photos, de rédiger des explications dans un langage impeccable et d'utiliser les bons mots clés. Faire appel à un relecteur-correcteur et un graphiste pour retoucher les photos sera un investissement utile.

36-Astrologue

Que l'on y croie ou non, l'astrologie c'est un fait fascine les hommes depuis l'Antiquité.

8 Français sur 10 s'empressent de lire leur horoscope dans les magazines ou de l'écouter à la radio. Chacun a un jour jeté un coup d'œil à son horoscope.

Certains employeurs n'hésitent pas à consulter le signe astrologique d'un candidat avant de s'engager sur une embauche. Certains hommes politiques ou personnalités ne prennent leurs décisions qu'après avoir consulté leur astrologue.

Si vous êtes doté d'une sensibilité vous attirant vers les astres vous pouvez offrir vos services en tant qu'astrologue en ligne en réalisant le thème astral de vos clients.

L'astrologie n'impliquant pas de prédiction mais une interprétation de l'influence des planètes sur la vie des gens, c'est un art qui peut être étudié par tous. Des logiciels professionnels existent pour fournir des graphiques de qualité.

Avantages :

- ✓ L'astrologie fait partie de ce que l'on appelle les arts divinatoires. Les clients faisant appel aux services d'un astrologue sont des personnes qui aiment recevoir des conseils personnalisés. Vous pouvez établir une clientèle fidèle en travaillant sur des plateformes spécialisées ou en tenant votre propre blog.

- ✓ L'astrologie peut être pratiquée par téléphone ou par écrit en envoyant des comptes rendus digitaux aux clients. Vous pouvez même lancer votre chaine You Tube si vous le souhaitez. Vous constaterez le succès phénoménal des astrologues sur You Tube.

Inconvénients :

- ✓ Il n'est pas possible de s'improviser astrologue sans un minimum de connaissances. Toutefois ce savoir peut s'acquérir au même titre que n'importe quelle autre compétence. Vous pouvez lire des manuels pour vous former afin d'acquérir les compétences nécessaires.

- ✓ Les clients qui commandent des thèmes astrologiques en ligne sont souvent pressés de recevoir leur commande. Il vous faudra bien préciser vos délais de livraison pour pouvoir effectuer le travail sereinement sans précipitation.

37-Vendeur d'articles ésotériques

Le marché de l'ésotérisme représente en France un marché de 3 milliards d'euros.

Avec le recul du religieux, on observe depuis une décennie l'intérêt croissant des gens pour tout ce qui apporte une vie spirituelle plus riche. Les gens sont en quête de sens dans un monde ou tout va de plus en plus vite au détriment parfois du respect de l'homme.

Il y a un regain pour les croyances ésotériques et les symboles qui permettent d'humaniser le monde et de lui donner un sens.

En tant que vendeur d'articles ésotériques vous pouvez offrir une multitude de produits (encens, médailles de saints, bougies, tarots, livres...) que vous pouvez réaliser vous-même ou commander sur les plateformes de vente en gros (Alibaba) avant de les revendre sur votre site ou sur les plateformes de vente.

Avantages :

- ✓ Ce type d'activité est relativement facile à mettre en place. Une fois le travail de mise en ligne de vos produits effectué, ceux-ci vont se référencer rapidement sur les moteurs de recherche car les gens cherchent où acheter ce genre de produits.

- ✓ Vous pouvez vendre en France comme dans le monde entier à condition de traduire votre boutique en anglais.

Inconvénients :

- ✓ Il faut effectuer un investissement financier de départ pour constituer votre boutique avant de commencer à réaliser du chiffre d'affaire.

- ✓ Il faut être pro-actif c'est-à-dire que même si votre boutique marche bien, il vous faudra introduire régulièrement de nouveaux articles car la durée de vie des annonces est souvent limitée sur les grandes plateformes de vente.

38-Coach en gestion de finances personnelles

Les personnes qui se retrouvent régulièrement à découvert éprouvent souvent un sentiment de honte et d'impuissance lorsqu'ils reçoivent l'appel de leur banquier.

Le coach en gestion de finances personnelles peut aussi intervenir pour aider le client à préparer un dossier de demande de prêt pour un achat immobilier. Les finances étant passées au crible par les établissements financiers, le coach peut aider son client à assainir ses comptes en amont avant de réaliser la demande de crédit.

La mission du coach en gestion de finances personnelles revient à aider les gens à chasser les coûts inutiles de leur quotidien et à apprendre à faire des économies. Il apprend aux personnes à reprendre la situation en main en réalisant une prestation d'audit-conseil de leur situation.

Dans un premier temps les clients envoient un descriptif détaillé de leur situation personnelle (dettes, découvert, montant des crédits, abonnements…) sur un temps donné pour permettre au coach d'élaborer une stratégie de sortie de crise où le coach prodiguera alors des conseils ayant une répercussion sur les finances des clients.

Avantages :

- ✓ Le coaching en gestion de finances personnelles peut être réalisé depuis votre domicile en recevant ou non les clients chez vous.

- ✓ Vous pouvez offrir vos prestations sur plusieurs sites à la fois et créer votre propre blog en même temps pour gagner en visibilité.

- ✓ Vous pourrez une fois vos premières missions réalisées, réaliser une méthode que vous pourrez vendre sous la forme d'e-book.

- ✓ Une fois que vous aurez acquis de l'expérience, vous pourrez offrir de réaliser des conférences ou ateliers de formation en entreprise ou dans des associations.

Inconvénients :

- ✓ Il faut savoir établir les règles que vous appliquerez avec vos clients à savoir ce que vous leur offrirez comme services et ce que vous ne ferez pas. Les clients de ce type de services peuvent parfois être tentés de dépasser la limite et rechercher une écoute amicale 7 jours/7. Si la disponibilité est requise pour mener à bien votre mission, il vous faut établir des limites claires dès le départ pour éviter de vous retrouver submerger par les émotions des gens.

- ✓ Pour réaliser ce type de mission, il est important d'avoir un minimum de connaissances en gestion de budget. Il est recommandé de lire les ouvrages disponibles sur le sujet afin de renforcer vos connaissances en la matière.

39-Réflexologue

La réflexologie est une pratique utilisant le massage de zones et de points de la voute plantaire, de la paume de la main, du visage ou des oreilles, chaque point correspondant à un organe du corps humain.

En France, le réflexologue est classé dans les professionnels de la relation d'aide, du développement personnel et du bien-être de la personne (répertoire opérationnel des métiers et des emplois de Pôle emploi).

Avantages :

- ✓ Cette activité peut être réalisée à partir de votre domicile en accueillant les clients chez vous dans un endroit dédié (idéalement une pièce dédiée à votre activité). Il peut être intéressant si vous envisagez d'effectuer un achat immobilier de songer aux biens disposant d'appendices, garages, anciennes boutiques…

- ✓ Le réflexologue apportant bien être à son client pourra développer une relation de clientèle fidèle. Le bouche à oreille contribuera à vous apporter régulièrement de nouveaux clients. N'hésitez pas à contacter la presse locale près de chez vous pour vous faire connaître lorsque vous vous installerez.

- ✓ Le métier n'est pas réglementé et son exercice demeure libre. Bien qu'il soit recommandé de recevoir une formation le métier de réflexologue est accessible sans diplôme particulier. Un réflexologue peut gagner autant qu'un kiné (profession réglementée) sans faire de longues études.

- ✓ Les formations peuvent bénéficier d'une prise en charge auprès de divers organismes (FONGECIF, CIF, Pole Emploi, ANFH, …).

- ✓ Les perspectives de carrière sont intéressantes. Le réflexologue peut à terme envisager de créer sa propre formation en plus de ses consultations.

Inconvénients :

- ✓ Le tarif des formations est parfois très élevé (3000-4000 €). Des formations certifiantes sont accessibles en ligne (150-200 €).

- ✓ Si l'investissement en matériel est minimal, il est conseillé de se faire référencer dans les pages jaunes et de créer un site internet, des cartes de visites, flyers... Investir dans votre stratégie de communication vous permettra d'attirer à vous de nouveaux clients. Présenter votre activité sur votre site internet et vos tarifs permettra de rassurer les futurs clients qui envisagent de vous contacter pour la première fois.

- ✓ Le travail indépendant à domicile accueillant des clients est soumis à autorisations. Si vous êtes locataire vous devez en faire la demande à votre propriétaire et vérifier au préalable que votre bail ou règlement de copropriété ne vous l'interdit pas. Selon la taille de votre commune, les conditions changent. Les villes de plus de 200 000 habitants ne permettent pas de recevoir de clients chez vous sans autorisation du maire sauf si vous habitez en rez-de-chaussée.

40-Sophrologue

Le but de la sophrologie consiste à développer la conscience de façon à harmoniser le corps et l'esprit, en chassant peurs, stress et tensions afin de retrouve un esprit zen.

Mise au point en 1960 par le Dr Alfonso Caycedo, la sophrologie est une synthèse des techniques orientales de méditation, de yoga et de relaxation occidentale. Elle permet d'affiner l'état de conscience, de vaincre la peur et d'optimiser ses possibilités.

La profession de sophrologue n'est à ce jour pas une profession réglementée en France mais elle est dotée d'un code ROME (Répertoire Opérationnel des Métiers et des Emplois) au niveau du Pôle-Emploi.

De même cette profession est prise en compte par l'URSSAF, le RSI, les caisses de retraites, les caisses d'assurance maladie. Certaines mutuelles offrent un forfait annuel de remboursement à leurs adhérents.

Avantages :

- ✓ Les formations en sophrologie font souvent l'objet de prises en charge financière par les fonds de formation, OPCA (Organismes Paritaires Collecteurs Agréés), de type Fongecif, Agefos, Agecif, Agefice... ou par Pôle Emploi, voire certaines collectivités territoriales.

- ✓ Cette profession peut être exercée de chez vous en accueillant les clients à votre domicile dans un endroit dédié (une pièce transformer en cabinet par exemple bien séparée de votre espace de vie).

- ✓ Le métier de sophrologue met la rencontre avec les autres au cœur de l'activité. Si vous aimez le contact avec les gens, cette activité vous apportera beaucoup de satisfaction sur le plan émotionnel et professionnel car vous vous sentirez utile en apportant une aide efficace aux gens.

Inconvénients :

- ✓ Le syndicat des sophrologues professionnels recommande de suivre au moins 300 heures de cours avant de commencer à exercer. Cela représente un investissement en termes de temps et d'argent. Il existe toutefois un grand nombre de formations diplômantes dans le secteur vous permettant de vous former près de chez vous.

- ✓ C'est le bouche à oreilles qui vous fera démarrer votre activité. Il vous faudra préparer un plan de communication au démarrage de votre activité pour vous faire connaître. Il est recommandé de créer un site web expliquant comment se déroule une séance avec vous, les tarifs que vous proposez, vos engagements en termes de confidentialité, respect de la personne…Entrer en contact avec la presse locale vous apportera une grande visibilité au niveau local. L'inscription dans les Pages Jaunes et au syndicat national des sophrologues vous sera également d'une grande aide.

- ✓ Le travail indépendant à domicile accueillant des clients est soumis à autorisations. Si vous êtes locataire vous devez en faire la demande à votre propriétaire et vérifier au préalable que votre bail ou règlement de copropriété ne vous l'interdit pas. Selon la taille de votre commune, les conditions changent. Les villes de plus de 200 000 habitants ne permettent pas de recevoir de clients chez vous sans autorisation du maire sauf si vous habitez en rez-de-chaussée.

41-Naturopathe

La naturothérapie est une médecine holistique, qui prend en considération tous les aspects de la personne et cherche à agir, non pas sur le symptôme, mais sur la cause des maux (arthrose, troubles prémenstruels, surpoids…).

Le naturopathe cherche à rétablir les capacités d'auto-guérison de son client. La démarche vise à s'appuyer sur les points forts afin de contrebalancer les faiblesses.

Une consultation consiste à établir un bilan de vitalité. Il ne s'agit en aucun cas d'un diagnostic médical mais le bilan consiste à mesurer le niveau de vitalité et à corriger les points faibles (conseils d'exercice physiques, nutrition).

Avantages :

- ✓ La naturopathie n'est pas reconnue par l'Etat français. Cette activité non réglementée n'est pas remboursée par la sécurité sociale mais de nombreuses mutuelles offrent la possibilité à leurs adhérents de se faire rembourser un forfait annuel.

- ✓ L'activité de naturopathie est une activité bien rémunérée (entre 50 et 80 € par séance). Les séances sont souvent au moins au nombre de 3 avant que le client puisse constater les améliorations de son état de général.

- ✓ Cette activité se prête bien à l'accueil des clients à domicile dans une pièce dédiée à votre activité.

Inconvénients :

- ✓ Si la profession n'est pas réglementée, il est toutefois essentiel de se former pour pouvoir fournir une prestation de qualité à vos clients. De nombreuses écoles et formations à distance offrent un parcours formations. La durée de la formation varie de 2 à 4 ans.

- ✓ Le coût d'une formation est relativement élevé (environ 2000 € par an).

- ✓ Le travail indépendant à domicile accueillant des clients est soumis à autorisations. Si vous êtes locataire vous devez en faire la demande à votre propriétaire et vérifier au préalable que votre bail ou règlement de copropriété ne vous l'interdit pas. Selon la taille de votre commune, les conditions changent. Les villes de plus de 200 000 habitants ne permettent pas de recevoir de clients chez vous sans autorisation du maire sauf si vous habitez en rez-de-chaussée.

42-Pet Sitter en famille d'accueil

Le pet sitter garde les animaux (chiens, chats, oiseaux, NAC, poissons rouges…) à son propre domicile. L'animal est envoyé chez vous comme dans une famille d'accueil.

52% de foyers français propriétaires d'un animal de compagnie sont amenés à devoir confier leur animal à un moment donné de sa vie (hospitalisation, décès, mariage, week-end à l'étranger…).

En contrepartie d'un salaire vous vous engagez à chouchouter les animaux des maîtres partis en vacances ou malades.

Avantages :

- ✓ La rémunération pour un jour de garde et pour un animal va de 5 à 25 €. Le tarif varie en fonction du cadre de vie que vous avez à offrir aux animaux (jardin, aire de jeux…).

- ✓ Le rapport avec les maîtres sont généralement agréables. Si vous pouvez en plus fournir la preuve que leur ami à quatre pattes s'amuse bien par l'envoi d'une petite photo les rassurant vous fidélisez les maîtres pour de nombreuses années.

Inconvénients :

- ✓ Une grande disponibilité (24heures sur 24, 7 jours/7) est exigée pour pouvoir assurer de bons soins aux animaux.

- ✓ La garde d'animaux, quelle qu'elle soit si elle est rémunérée, nécessite un « certificat de capacité ». En effet, selon l'article L. 214-6 – Chapitre IV du code rural (partie législative) concernant la protection des animaux, « la personne qui s'occupe d'animaux, doit adresser une demande de certificat à la Direction Départementale des Services Vétérinaires (D.D.S.V.) du département où elle se situe ».

- ✓ Une attestation d'assurance responsabilité civile animaux est exigée.

43-Éducateur canin et comportementaliste

L'éducateur canin est un professionnel qui a pour mission d'éduquer les chiens et d'aider leurs maîtres à mieux les prendre en main.

Parfois appelé coach pour animaux de compagnie, l'éducateur canin met en œuvre des méthodes adaptées à l'environnement et à la race de l'animal.

Il peut aussi être amené à conseiller les propriétaires d'animaux en matière d'hygiène, d'alimentation, de comportement et de sécurité.

Avantages :

- ✓ L'activité peut être exercé depuis votre domicile. Il est toutefois préférable de posséder un jardin ou tout au moins de pouvoir accéder à un parc ou une forêt à proximité de votre logement.

- ✓ L'activité peut se spécialiser dans une niche de marché : races spécifiques, chiens de compagnie pour enfants, personnes âgées ou handicapées, chiens guides d'aveugle, chiens de défense ou de chasse.

- ✓ Les maîtres en détresse n'arrivant pas à gérer leurs animaux que vous parviendrez à aider vous fourniront une publicité considérable créant un bouche à oreille positif sur vous. L'activité est très gratifiante et valorisante pour l'éducateur.

Inconvénients :

- ✓ Aucun diplôme n'est en théorie nécessaire pour devenir éducateur canin artisanal ou libéral. Il est toutefois recommandé de se former pour pouvoir fournir un résultat satisfaisant à votre client. Le brevet professionnel d'éducateur canin est le diplôme reconnu par l'état. Des formations à distance existent avec des stages à réaliser.

- ✓ Il faudra toutefois obtenir un Certificat de capacité des animaux de compagnie d'espèces domestiques (CCAD) après une formation courte et un test.

Adressez-vous à la DDPP (direction départementale de la protection des populations) ou à la DDCSPP (direction départementale de la cohésion sociale et de la protection des populations).

- ✓ L'activité demande une grande disponibilité y compris le week-end et en soirée pour pouvoir vous adapter à l'emploi du temps des maîtres.

44-Coach en rencontre amoureuse

Le coach en rencontre amoureuse intervient auprès des célibataires qui peinent à faire des rencontres ou à construire une relation durable.

En réalisant un bilan de la situation avec son client, le coach en relation amoureuse va proposer des solutions pour apporter un changement concret dans la vie des clients.

Il pourra par exemple aider un homme timide à vaincre sa timidité et sa peur de parler à une femme. Il pourra aussi aider ses clients à identifier le profil de femme ou d'homme dont ils ont besoin dans leur vie.

Avantages :

- ✓ L'activité peut être réalisée de chez soi en accueillant les clients à domicile. Vous pouvez offrir en plus des consultations 100 % en ligne sur internet en offrant aux clients de vous contacter par téléphone ou par webcam.

- ✓ Il n'y a pas de diplôme requis pour exercer cette activité. Si vous aimez aider les autres en trouvant des solutions à leurs problèmes cette activité est faite pour vous.

- ✓ L'investissement de départ est minimal. Notez toutefois que si vous accueillez des clients chez vous, l'environnement devra être propice. Accueillir les clients dans un endroit calme, propre et propice à réflexion avec des fauteuils, vous aidera à bien aider vos clients.

Inconvénients :

- ✓ Il faut gagner sa clientèle en étant pro-actif. Créer un site internet/blog où vous publierez régulièrement des articles vous aidera à être référencé comme expert sur internet et dans votre zone de résidence.

- ✓ Pour vous faire connaître et gagner en visibilité n'hésitez pas à contacter la presse et les radios locales pour parler de votre activité. Vous inscrire sur les réseaux sociaux vous aidera aussi à gagner en crédibilité et en visibilité. Vous pouvez aussi avec l'accord de vos clients recueillir quelques témoignages de l'aide que vous leur avez apportée et les retranscrire par écrit sur votre site web. Vos futurs clients pourront ainsi être convaincus par la satisfaction des autres.

- ✓ Pour les consultations ayant lieu chez vous, quelques sorties seront à envisager pour amener les clients à pratiquer vos conseils en situation réelle.

45-Coach en développement personnel

La mission du coach en développement personnelle consiste à accompagner son client pour aider celui-ci à devenir la meilleure version de lui-même.

Ainsi, vous pourrez être amené à aider les gens qui ont du mal à concrétiser leurs projets parce qu'ils manquent de confiance en eux ou parce qu'ils ne savent pas s'organiser. Vous pourrez être amené à aider les gens à effectuer une reconversion professionnelle en les aidant à identifier leurs talents et les métiers qu'ils pourraient exercer.

En tant que coach vous deviendrez le temps de chaque consultation, l'oreille attentive et bienveillante dont les gens ont besoin.

Avantages :

- ✓ L'activité peut être réalisée de chez vous en séances de coaching privé ou en ateliers (plusieurs personnes payent pour venir assister à votre atelier).

- ✓ L'activité concerne aussi bien les particuliers que les entreprises. N'hésitez pas à offrir vos prestations aux entreprises de votre région en leur envoyant une brochure explicative de vos services.

- ✓ L'activité peut être réalisée en ligne par webcam ou par téléphone.

Inconvénients :

- ✓ Il n'existe pas de diplôme requis pour exercer cette activité. Il est toutefois recommandé de maîtriser les outils de management et de communication. Il existe des formations en coaching qui peuvent vous aider à acquérir les bases d'un bon coaching.

- ✓ Pour bien aider les gens, il faut savoir se tenir informé de toutes les évolutions législatives et sociétales. Cela implique une bonne culture générale et une grande curiosité. De nombreuses lectures seront nécessaires pour nourrir votre esprit et découvrir de nouvelles idées.

46-Créateur de cosmétiques végans

Le créateur de cosmétiques végans crée des savons et cosmétiques destinés à apporter bien-être et beauté sans exploiter les ressources du monde animal tout évitant l'utilisation de produits chimiques.

Cette activité correspond bien aux personnes qui aiment être au contact de la nature et récolter les plantes reconnues pour leurs propriétés (la lavande, la menthe, l'orange, la verveine...).

Avantages :

- ✓ Le marché des produits végan est en pleine expansion. Les clients des produits végan sont prêts à payer un prix juste et rémunérateur pour un produit de qualité sans usage de produit d'origine animale, sans test sur les animaux et sans composants chimiques.

- ✓ Les personnes se lançant dans ce type d'activité sont en harmonie complètent avec leurs convictions profondes. Le sentiment d'effectuer un travail utile, apprécié des clients et ne portant pas de préjudice à la planète apporte une grande satisfaction.

- ✓ L'activité de création peut être exercée de chez soi. Les ventes peuvent avoir lieu sur des marchés locaux autour de chez vous et dans le monde entier via internet.

Inconvénients :

- ✓ Il faut aimer la nature et bien connaître les plantes, leurs propriétés ainsi que les bases de la cosmétologie bio. Si vous pouvez apprendre les techniques par vous-même en vous formant sur internet (You Tube…) il pourra être utile de suivre un atelier avec une personne capable de vous apprendre plus rapidement les bases et vous donner des conseils.

- ✓ En tant qu'artisan vendeur, vous devrez assurer la création et la vente de vos produits. Cela demande une grande disponibilité et une grande motivation.

47-Créateur d'articles customisés

Le créateur d'articles customisés vend des créations originales (t-shirts, coques pour iPhone, housses de coussins, tapis de souris, mugs, cartes d'anniversaire, porte-clés…) avec motifs ou logos qu'il crée lui-même ou non.

Si vous ne possédez pas de compétence en art ou en graphisme, vous pouvez acheter un design libre de droit à un créateur pour pouvoir créer vos propres produits.

Avantages :

- ✓ Vous pouvez réaliser cette activité sans manipuler le moindre matériel ni à avoir effectuer d'expéditions en utilisant les plateformes de vente en ligne spécialisées dans la création d'articles customisés.

- ✓ L'activité n'implique pas un investissement financier de départ. Vous pouvez constituer une ou plusieurs boutiques en ligne avec plusieurs milliers d'articles en achetant seulement le design de départ.

Inconvénients :

- ✓ Il est conseillé d'utiliser un blog et les réseaux sociaux comme Pinterest, Instagram, Facebook, pour vendre vos produits. Cela impliquera de créer par exemple une page Facebook pour parler d'une de vos passions et de créer une communauté d'internautes s'abonnant à votre page. Ainsi si vous êtes passionné par les chats ou les motos créer une page sur le sujet et fédérer des fans autour de votre page vous créera un vivier de clients. Vous pourrez y diffuser le lien de vos nouveaux articles en vente.

- ✓ Si l'activité ne demande pas un gros investissement financier de départ, elle vous demandera en revanche beaucoup de temps pour la lancer. La création de produits et l'animation des réseaux sociaux est relativement chronophage. Il vous faudra une grande disponibilité. Par contre une fois que vous commencerez à effectuer vos premières ventes, vous récolterez progressivement le fruit de vos efforts.

48-Créateur de vêtements grande taille

Le secteur de la mode s'intéresse de plus en plus à proposer des vêtements élégants pour tous les types de morphologie.

Les vêtements pour les grandes tailles sont un marché de niche où vous pouvez créer et fidéliser une clientèle.

Ainsi, si vous savez coudre vous pourrez faire connaître votre boutique au plus grand nombre en travaillant de chez vous.

Avantages :

- ✓ L'activité offre une grande liberté au niveau de la créativité. Les personnes créatives qui aiment utiliser leurs mains s'épanouiront dans ce type d'activité.

- ✓ Internet offre la possibilité de se faire connaître au plus grand nombre. Ainsi, même sans diplôme une personne douée partant de rien pourra parvenir à vivre de son travail.

- ✓ Utiliser et poster des photos et vidéos de vos créations portées par des mannequins grande taille vous aidera à faire décoller votre activité.

- ✓ Vous pouvez aussi créer des sessions de vente en réunion chez vous pour attirer une clientèle locale.

Inconvénients :

- ✓ En tant qu'artisan créateur de vêtements il faut bien maîtriser vos compétences. La qualité de vos articles doit être irréprochable pour satisfaire les clients qui effectuent un achat à prix parfois élevé. Ainsi si vous avez appris à coudre mais que vous n'avez pas pratiqué la couture depuis longtemps, réaliser un stage de couture pour vous remettre à niveau sera un investissement utile pour apprendre à bien coudre une fermeture-éclair, une boutonnière…

- ✓ Il faut commencer à créer au moins une vingtaine d'articles pour constituer une boutique en ligne qui donnera envie au client d'acheter vos produits.

- ✓ Une grande disponibilité horaire est requise. Vous serez amené à travailler d'arrache-pied sans compter vos heures durant les premiers mois. La vente sur les marchés artisanaux de votre région pourra vous aider à réaliser des ventes en plus et à faire connaître votre boutique.

✓ Une grande polyvalence est indispensable. En plus de créer il vous faudra vendre vos articles en prenant des photos de qualités et en réalisant une description pertinente de vos produits avec de bons mots clés. Utiliser les conseils d'un spécialiste de la vente en ligne peut être judicieux pour bien vous lancer.

49-Courtier

L'activité de courtier consiste à trouver la meilleure proposition pour son client au prix le plus compétitif (travaux, immobilier, assurances, prêts, marchandises). Le courtier est un spécialiste qui excelle dans son domaine de prédilection afin de dénicher les contrats les plus avantageux.

Il travaille à la fois avec plusieurs partenaires selon sa spécialité (banques, assurances, artisans, fabricants...) et avec les clients qui font appel à lui.

Il est alors chargé de leur proposer des contrats intéressants et de défendre leurs intérêts jusqu'à la signature afin que ceux-ci économisent le plus d'argent possible.

Avantages :

✓ L'activité peut être exercée à domicile en tant qu'indépendant inscrit au RCS (registre du commerce).

- ✓ L'investissement initial est faible. Hormis un ordinateur et un téléphone, vous pourrez facilement vous lancer sans frais.

Inconvénients :

- ✓ Une formation est recommandée afin d'être efficace dans vos négociations.

- ✓ Afin d'obtenir les meilleures offres pour vos clients, il faut être un expert dans votre domaine de négociation. Cette activité demande une expertise préalable dans le secteur bancaire, le bâtiment...

- ✓ Vous devrez effectuer des actions promotionnelles afin de vous faire connaître (publicité dans les journaux locaux, créer votre site internet pour parler de vos services).

50-Créateur de matériel éducatif

Les méthodes d'éducation alternatives comme la pédagogie Montessori, la pédagogie Freinet, la pédagogie Steiner-Waldor ou encore la pédagogie Decroly n'ont jamais autant eu la côte qu'aujourd'hui. Les parents sont de plus en plus désireux de respecter le rythme d'apprentissage de leurs enfants en leur offrant un matériel qui leur permettra d'évoluer selon leur propre rythme et selon leurs goûts.

Les résultats médiocres des petits écoliers français aux tests de lecture et mathématique encouragent les parents à investir dans de nouveaux outils pour faire travailler les enfants à la maison en plus de l'école.

Le marché du matériel éducatif (cartes d'images pour apprendre les mots, cartes bilingues pour apprendre l'anglais, alphabet mobile, articles pour enseigner les maths avec la méthode Singapour…est un marché en plein expansion qui continuera de s'accroitre dans les décennies à venir).

Avantages :

- ✓ Le matériel éducatif peut être conçu de chez vous et être vendu à distance.

- ✓ Les pédagogies alternatives intéressent de plus en plus de monde. Vous pourrez vendre vos outils sur des sites de vente d'artisanat mais aussi les proposer à l'éducation nationale. N'hésitez pas à proposer vos articles aux comités d'entreprises qui peuvent vous apporter beaucoup de vente si vous vous y prenez bien.

Inconvénients :

- ✓ Il faut créer le matériel avant de le vendre. Cela représente un investissement termes de temps et d'argent.

- ✓ Il faut être un bon vendeur et un bon négociateur pour convaincre votre interlocuteur de vous passer commande.

51-Mosaiste

Le mosaïste est un artisan qui utilise différents types de matériaux tels que la pierre, le verre, le grès, l'émail ou la terre cuite pour créer et assembler les tesselles. Le travail du mosaïste commence par la réalisation d'un dessin schématisé où il trace des lignes de directions et des zones d'ombre qui lui serviront de repères pour la découpe de ses tesselles.

Le mosaïste peut réaliser des objets de décoration (miroir, cadres photo, plateaux, plaques de numéros de maison, tableaux, dessous de plat, tables, bijoux…) en vue de les vendre.

Avantages :

- ✓ L'activité qui est très minutieuse correspond bien aux personnes qui aiment travailler dans le calme en pleine conscience.

- ✓ L'activité peut être facilement réalisée à domicile.

- ✓ Le lancement d'une activité de mosaïque ne demande pas une formation. Vous pouvez apprendre la mosaïque en suivant des tutoriels en ligne sur You Tube ou en assistant à quelques cours dans votre région.

- ✓ Vous pourrez aussi proposer des ateliers de formation chez vous pour augmenter votre chiffre d'affaire (formations adultes, formations enfants).

Inconvénients :

- ✓ Les tesselles sont souvent vendues assez chères. Vous pouvez pallier à ce problème en récupérant de la vaisselle que vous casserez dans des vide-greniers pour une somme modique.

- ✓ Il faudra prendre en compte le coût des frais d'expédition dans vos tarifs. Les objets en mosaïque étant très lourds et fragiles, il faudra impérativement prévoir un emballage de qualité.

52-Restaurateur de meubles

Si vous avez en vous une âme de décroissant et d'écolo ne souhaitant plus acheter le moindre objet s'il est neuf, l'activité de restaurateur de meuble vous correspond.

En tant que restaurateur de meubles vous pouvez récupérer pour presque rien voire même gratuitement des objets dont les gens ne savent pas quoi faire lorsqu'ils déménagent ou au moment d'une succession.

En récupérant puis en restaurant des meubles (tables de nuit, chaises, tables basses, étagères…) puis en les customisant en les peignant, en ajoutant des frises au pochoir, des peintures personnalisées vous pouvez réaliser un chiffre d'affaire vous permettant de démarrer une activité.

Faire du beau avec du vieux et redonner vie à des objets qui étaient voués à la destruction est une activité pleine de sens.

Avantages :

- ✓ Quelques outils de bricolage, des pinceaux et de la peinture seront nécessaires mais l'activité ne demande pas un investissement important au démarrage.

- ✓ Vous pouvez récupérer des objets gratuitement. N'hésitez pas à poster des annonces sur les sites de dons en ligne. Certaines personnes préfèrent donner que jeter.

- ✓ Si vous utilisez des peintures non toxiques, l'activité contribuera à la réduction de l'empreinte carbone.

Inconvénients :

- ✓ Il vous faudra un minimum d'espace chez vous pour réaliser cette activité pour ne pas vous retrouver encombré et au contact des odeurs de peintures. Avoir un garage ou un abri de jardin est l'idéal.

- ✓ Certains objets sont très abîmés par la vrillette. Il vous faudra les traiter afin de ne pas contaminer les autres objets que vous vendrez.

53-Créateur de jeux de société

Les jeux de société reviennent en force depuis quelques années.

Saturés de leurs écrans et désireux de créer du lien social avec d'autres joueurs de plus en plus de personnes s'y adonnent. Le marché français représente aujourd'hui un chiffre d'affaires de 400 millions d'euros.

Plus de 1.000 jeux sortent sur le marché chaque année.

Cette activité qui demande de la créativité et un sens commercial pour savoir vendre son jeu peut être réalisée depuis chez vous.

Avantages :

- Une simple pièce dédiée à cette activité est suffisante pour pouvoir installer votre matériel et créer les maquettes de jeu.

- L'activité correspond bien aux esprits créatifs qui ont su garder leur âme d'enfant.

- Vous pouvez envisager de vendre vos jeux de manière artisanale en les fabriquant vous-même ou alors rechercher un éditeur.

Inconvénients :

- Pour faire connaître et promouvoir vos jeux, il faudra participer à de nombreux salons, festivals et foires sur toute la France.

- Il faut pouvoir tester les jeux avant de les commercialiser. Il vous faudra trouver un panel de testeurs.

- Vendre son jeu demande des compétences commerciales. Il faut en effet être capable de convaincre les acheteurs que votre jeu est le meilleur sur le marché.

54-Assistant(e) maternel(le)

L'assistant(e) maternel(le) accueille à domicile de façon régulière ou occasionnelle, un ou plusieurs enfants de moins de 3 ans pendant que les parents travaillent.

Elle les nourrit, les promène, leur prodigue des soins et joue avec eux.

En fin de journée, l'assistante maternelle rend compte aux parents des activités de leur enfant.

Ce métier exige un très bon équilibre nerveux et beaucoup de patience. Il est conseillé de vraiment aimer les enfants avant de s'engager dans cette voie.

Avantages :

- ✓ L'activité peut être réalisée à domicile. Les parents déposent et viennent chercher leurs enfants.

- ✓ Si l'assistante maternelle a elle-même des enfants, elle est présente pour ses propres enfants qu'elle peut voir grandir.

- ✓ L'assistante maternelle travaille en toute autonomie. Elle peut ainsi gérer elle-même l'organisation de son travail.

- ✓ L'assistante maternelle peut sortir se promener avec les enfants lorsqu'il fait beau.

Inconvénients :

- ✓ Les horaires sont très variables, puisque déterminés en fonction des besoins de l'enfant et des contraintes horaires des parents.

- ✓ L'obtention d'un agrément est exigée. Il faut le demander auprès du service départemental de la PMI (protection maternelle et infantile). Une visite au domicile est effectuée par une puéricultrice qui évalue la capacité du logement à recevoir des enfants. La validité de l'agrément est de 5 ans. Il est délivré par le président du conseil général.

- ✓ Une formation de 120 heures est exigée dont 80 heures au moment de la demande de l'agrément puis encore de 40 heures une fois que l'assistante maternelle exerce. La seconde partie de formation est à réaliser dans les 3 ans suivant l'obtention de l'agrément.

55-Créateur/ vendeur/loueur de déguisements/costumes

Que ce soit à l'occasion d'une fête d'anniversaire, d'un enterrement de vie de garçon ou du carnaval, les Français aiment se déguiser mais sans forcément dépenser de l'argent dans l'achat d'un costume.

Créer un service de vente-location de déguisement est une activité qui peut s'avérer lucrative.

Avantages :

- ✓ Vous pouvez commencer cette activité de chez vous et proposer vos services de location sur un blog et des sites d'annonces.

- ✓ Si vous les créez vous-même, vous pouvez proposer vos costumes à la vente sur les sites de vente en ligne pour faire connaître votre activité et bien référencer votre blog.

Inconvénients :

- ✓ Il faut constituer un stock de déguisement avant de pouvoir commencer l'activité.

- ✓ Il est recommandé de posséder quelques compétences en couture pour réparer en urgence les costumes ayant subi des dommages et devant être reloués.

56-Réparateur de téléphones mobiles et tablettes

Si le contenu des téléphones mobiles n'a aucun secret pour vous, vous pouvez créer un service de réparation de mobile. Voici un exemple des multiples prestations que vous pouvez offrir à vos clients. : réparation Mac, dalle, clavier, remplacement disque dur SSD, formatage, remplacement de batterie, connecteur de charge, hautparleur, micro, lecteur de carte Sim, remplacement d'écran, remplacement vitre toutes marques, désoxydation…

Avantages :

- ✓ Le bouche à oreille est très rapide dans ce secteur. Un client satisfait par votre prestation vous en apportera plusieurs nouveaux.

- ✓ L'activité peut être réalisée à votre domicile. Vous pouvez accueillir les clients chez vous ou récupérer les objets à réparer par correspondance.

Inconvénients :

- ✓ Les technologies évoluant vite, il faut être capable de suivre les évolutions.

✓ Il faut avoir un minimum de matériel de rechange à disposition afin de pouvoir réparer rapidement les appareils des clients. Il faut effectuer un investissement minimum de départ pour pouvoir être efficace.

57-Vendeur d'objets érotiques

Si le secteur est tabou, il n'en reste pas moins très lucratif.

Le chiffre d'affaires de l'industrie du sexe au niveau mondial est proche des 50 milliards d'euros par an. En France, le marché de l'érotisme recouvre près de 200 millions d'euros chaque année.

Vous pouvez ainsi envisager de lancer de chez vous une activité de vente en ligne de sex toys connectés, d'huile de massage ou lingerie coquine…

Avantages :

✓ L'activité peut être réalisée en créant votre propre site internet de vente ou en vendant directement sur les grosses plateformes de vente en ligne.

✓ Le chiffre d'affaire du secteur est en constante augmentation.

✓ Si vous êtes à l'aise avec la nature de votre activité vous pourrez envisager d'effectuer en plus de la vente en réunion pour faire décoller vos ventes.

Inconvénients :

✓ L'activité est taboue. Il vous faudra être à l'aise et assumer la nature de votre activité !

✓ L'activité demande de constituer un stock minimal de produits et donc un investissement. Si vous manquez de moyens ou de place chez vous, vous pouvez vous orientez vers la vente d'objets érotiques en drop shipping. Cela vous permettra de vous lancer dans le e-commerce en vendant des produits sans se soucier de l'expédition.

58-Joueur de poker

La professionnalisation du poker est encore assez récente.

Le joueur de poker en professionnel exerce à temps plein et ses revenus sont issus de la pratique de ce jeu.

Le joueur peut pratiquer son activité sur des sites de jeux en ligne sécurisés et légaux, dont certains sont uniquement dédiés au poker.

Avantages :

- ✓ Le joueur qui exerce en tant que professionnel peut avoir un revenu plus que confortable.

- ✓ Un joueur professionnel expérimenté peut devenir consultant et former les futurs joueurs de poker.

- ✓ Un joueur professionnel peut envisager à terme de créer un site internet dédié au poker et le monétiser, écrire des livres sur le sujet.

Inconvénients :

- ✓ Le poker demande beaucoup d'énergie et de temps. Il faut pratiquer le poker de manière intensive pour vous perfectionner. Cela implique de passer de nombreuses heures devant son écran d'ordinateur sans voir personne.

- ✓ L'activité exige une grande concentration et une capacité à travailler seul avec rigueur.

- ✓ Si les gains n'ont pas de limite, l'activité peut être stressante car il arrive de perdre de l'argent. Le risque financier est réel. Il faut avoir un très bon équilibre nerveux. Il faut aussi prendre en compte le risque de dépendance psychologique au jeu.

- ✓ L'environnement familial des joueurs peut se montrer hostile à cette activité qui n'est pas toujours considérée comme un métier.

59- Créateur vendeur de graines, boutures et semis

Le chiffre d'affaires du marché de la jardinerie a enregistré une croissance de 1,6% en France en 2017, pour atteindre 2,8 milliards d'euros. Les français y consacrent un budget toujours plus important.

Les grandes marques de jardinerie vendent les plantes très chères. Vous n'aurez pas de mal à convaincre les jardiniers amateurs de vous acheter vos boutures si vous les leur vendez à un prix moins important que dans le commerce traditionnel.

Si vous disposez d'un jardin, vous pouvez envisager de l'exploiter en réalisant du bouturage de plantes que vous pourrez ensuite revendre soit sur internet ou dans les vide-jardins de votre région.

Avantages :

- ✓ Une fois que vous disposez des plantes nécessaires, le bouturage ne vous coûte rien. Vous pouvez obtenir des boutures pour vous lancer dans cette activité en fréquentant les sociétés d'horticulture. Les passionnés seront ravis de partager avec vous leur savoir-faire.

- ✓ L'activité peut être réalisée au niveau local près de chez vous ou par correspondance. Si vous créez un blog spécialisé sur certaines espèces vous réussirez à obtenir un bon référencement pour effectuer des ventes en ligne.

- ✓ Vous pourrez animer des cours de jardinage chez vous pour les enfants ou adultes désireux de passer un moment agréable dans un cadre convivial.

Inconvénients :

- ✓ Le bouturage demande de temps et du savoir-faire. Il est recommandé de lire les ouvrages et de vous former en suivant des tutoriels en ligne.

- ✓ Si vous vendez à l'international, veuillez à vous informer sur la réglementation en rigueur. Certains pays n'acceptent pas l'importation de plantes et graines ou seulement sous certaines conditions.

60-Quincailler pour maisons de poupée miniatures

Le monde des maisons de poupée miniatures est un univers de passionnés et collectionneurs prêts à investir pour trouver l'objet qui leur manque.

La quincaillerie spécialisée dans l'infiniment petit est un marché de niche qui peut vous permettre de créer votre commerce internet sur les grandes plateformes de vente voire même avec votre propre site.

La spécialisation de l'activité vous permettra en effet d'obtenir un référencement naturel intéressant.

Avantages :

- ✓ L'avantage d'une quincaillerie d'objets miniatures est qu'elle ne prend pas beaucoup de place pour le stockage. Il vous faudra néanmoins bien vous organiser pour être capable de livrer les bonnes références de vos produits.

- ✓ Le référencement des activités de niche est plus facile sur internet. Un passionné qui tapera les mots clés de l'objet qui l'intéresse (ex : cage métallique oiseau miniature pour maison de poupée) tombera directement sur votre boutique si vous proposez l'article en question.

Inconvénients :

- ✓ Ce travail demande une grande minutie et une capacité d'organisation. Il faut être capable d'organiser vos stocks de manière rationnelle pour pouvoir vous y retrouver facilement lorsque vous expédierez vos commandes.

- ✓ Il faut constituer un minimum de stock pour démarrer l'activité. Cela implique de d'effectuer des dépenses avant de commencer à gagner de l'argent.

61-Organisateur d'événements

L'organisateur d'événements prend en charge la préparation des grands évènements de la vie des gens. Il peut intervenir pour des prestations concernant la préparation de mariages, voyages de noce, de départs en retraite, d'anniversaires…

Cette activité qui demande beaucoup d'organisation et un grand sang froid pour gérer les imprévus peut être gérée depuis chez vous. Vous aurez néanmoins à prévoir de multiples déplacements pour vérifier la bonne préparation sur les lieux de réception.

Avantages :

- ✓ Cette activité est ouverte à toute personne disposant d'un bon sens du contact et une bonne capacité d'écoute pour comprendre les souhaits de ses clients.

- ✓ Vous pouvez travailler depuis chez vous pour accueillir vos clients ou contacter tous les prestataires avec lesquels vous collaborerez.

Inconvénients :

- ✓ Le salaire est basé sur la prestation selon un pourcentage basé sur le montant total facturé. Il vous faudra être précis dans vos devis pour recevoir une rémunération juste. Il faut compter environ 15 mariages par an pour pouvoir commencer à en vivre.

- ✓ Il est indispensable d'avoir un bon sens commercial pour savoir vendre vos prestations à vos clients ainsi que pour tisser des liens durables avec les différents prestataires de service (fleuristes, traiteurs, photographes, loueurs de salle…).

- ✓ Si vous vous orientez vers le wedding planning, la saisonnalité des mariages qui ont lieu principalement au printemps et en été créera un surcroit d'activité à ce moment de l'année. Il faudra travailler beaucoup sans compter vos heures. L'activité pourra être complétée par des départs en retraite, anniversaires de mariage le reste de l'année.

62-Conseiller en immobilier

Le conseiller immobilier a pour mission de vendre ou de louer les différents biens qu'on lui confie. Si cette activité a longtemps été réservée aux agences disposant d'un local commercial permettant d'accueillir les clients, l'activité est aujourd'hui en pleine révolution grâce à internet. De plus en plus de personnes peuvent ainsi s'installer comme agent immobilier et travailler depuis chez eux.

Avantages :

- ✓ Le mandataire immobilier qui travaille pour un groupe immobilier dispose d'une grande autonomie. Ce travail correspond parfaitement aux personnes aimant prospecter et travailler seules sans collaborateurs.

- ✓ Vous pouvez organiser votre emploi du temps comme vous le souhaitez et choisir les jours où vous travaillez.

Inconvénients :

- ✓ La rémunération est irrégulière car elle dépend des ventes réalisées.

- ✓ Une formation est fortement recommandée. Elle est généralement fournie par les groupes immobiliers recrutant des mandataires.

63-Trader en ligne

La mission du trader en ligne est de placer des ordres d'achats ou de ventes sur les marchés financiers, en espérant dégager une marge entre le prix auquel il a acheté, et le prix auquel il vend.

Le trader peut acheter et vendre des actions d'entreprises ou alors trader sur le Forex (marché des devises).

Il suffit d'une bonne connexion et d'un compte sur une plateforme de bourse en ligne pour pouvoir commencer à trader sur internet.

Avantages :

- ✓ L'activité peut être réalisée 100 % de chez soi sans avoir à se déplacer.

- ✓ Les gains peuvent être très intéressants mais il faut savoir se fixer des limites pour ne pas risquer de perdre l'investissement initial.

Inconvénients :

- ✓ Trader en ligne est une activité qui prend du temps, et qui nécessite de bien connaître les bases de la finance.

- ✓ L'activité demande une grande résistance au stress.

- ✓ Le trading ne laisse pas de place à l'improvisation. Si aucun diplôme n'est exigé il faut cependant une excellente connaissance des marchés financiers. Il faut être capable de lire les graphiques pour acheter et vendre au bon moment.

- ✓ Le trading est une activité risquée. Les personnes qui font du trading perdent parfois plus qu'ils ne gagnent. Il est fortement recommandé de ne jamais investir toutes ses économies dans cette activité.

64-Vendeur de tatouages éphémères

Devenir vendeur de tatouages éphémères ne requiert pas des compétences artistiques comme pour les tatouages permanents.

Nombreuses sont les personnes qui souhaitent se faire tatouer mais sans jamais oser passer à l'acte de peur de regretter un jour leur choix.

Le tatouage éphémère est un bon compromis permettant d'avoir un tatouage qui n'a rien à envier aux tatouages permanents.

Vous pouvez ainsi envisager d'ouvrir une boutique de ventes de tatouages éphémères en ligne.

Avantages :

- ✓ Le tatouage éphémère ne nécessite pas de compétences artistiques. Il vous suffit de motifs que vous pouvez trouver sur des sites vendant des images libres de droit et du papier à tatouage.

- ✓ L'activité ne demande pas énormément de place. Disposer d'une pièce dédiée à l'activité est recommandée mais pas indispensable. Vous pouvez également effectuer de l'impression sur demande à la commande.

- ✓ Vous pouvez créer de nouvelles collections selon les tendances du moment, vous spécialiser dans un secteur (New-Age, animaux, gothique…). Vous pouvez facilement créer une boutique en ligne avec plusieurs centaines de référence.

Inconvénients :

- ✓ Il faut veiller à acheter des fournitures de qualité pour minimiser les risques d'allergie sur la peau.

- ✓ Il faut constituer une boutique bien garnie pour gagner en visibilité sur les plateformes de vente en ligne.

65-Créateur de bijoux

La création de bijoux fait-main par des artisans n'a jamais autant connu d'essor. Grâce à internet, toute personne qui souhaite monter son site de bijoux de créateurs ou simplement une boutique sur une plateforme de vente en ligne peut réaliser son projet facilement.

Que ce soit en fabriquant des bijoux en porcelaine froide, en métal, verre ou toute autre matière, les opportunités sont immenses.

Avantages :

- ✓ Les plateformes de vente en ligne permettent de bien mettre en valeur les boutiques de créateurs tout en offrant un système de paiement facile et sécurisé.

- ✓ Les personnes qui créent des bijoux peuvent avoir une boutique en ligne et participer en plus à tous les marchés de créateurs dans leur région.

Inconvénients :

- ✓ Il faut effectuer un investissement minimum en outils et en fournitures avant de se lancer.

- ✓ Il faut écouler son stock pour ne pas se retrouver avec des invendus. Il est conseillé d'utiliser les réseaux sociaux pour doper les ventes de votre boutique en ligne.

66-Créer un blog sur la perte de poids

De plus en plus de personnes s'intéressent à leur santé et à leur bienêtre. Si vous avez des conseils et des astuces à partager vous pouvez envisager de créer un blog sur le thème de la perte de poids.

Ainsi si vous avez réussi à perdre du poids vous pouvez parler de votre expérience. Les lecteurs aiment s'identifier à un bloggeur qui peut leur prodiguer conseils et motivations.

Avantages :

- ✓ Créer un blog et rédiger régulièrement des articles sur un sujet vous apportera un bon référencement. Cela permettra également de rédiger rapidement un livre sur le sujet. Lorsque vous aurez constitué un blog suffisamment garni vous pourrez rapidement le synthétiser en un livre que vous pourrez vendre comme une méthode pour perdre du poids.

- ✓ Vous pourrez aussi le monétiser en introduisant des liens d'affiliations vers des sites proposant des articles sur la perte de poids. Les opportunités sont infinies.

- ✓ Créer un blog vous permettra de également proposer des séquences de coaching personnalisé aux personnes souhaitant perdre du poids.

Inconvénients :

- ✓ Il faudra investir beaucoup de temps en rédaction durant les premiers mois. Il faudra ensuite continuer à nourrir votre blog afin d'entretenir l'intérêt de vos lecteurs.

- ✓ Les premiers revenus mettront plusieurs mois avant de se mettre en place. C'est la rigueur et la persévérance qui vous permettront de créer un blog à succès dans le secteur de la minceur.

67-Céramiste

Le céramiste est un potier qui maîtrise toutes les étapes du processus de fabrication d'objets en céramique (terre cuite, grès, faïence, porcelaine, raku…).

Avec internet et le regain des Français pour les objets durables fabriqués à proximité de chez eux la profession de céramiste est aujourd'hui une activité qui peut être réalisée depuis chez soi.

Avantages :

- ✓ Une formation n'est pas obligatoire mais recommandée pour maîtriser l'ensemble des techniques. Suivre une formation dans un centre d'art autour de chez vous ou alors chez un céramiste pourra vous aider à vous lancer.

- ✓ L'organisation d'ateliers pour enfants et adultes est un moyen d'augmenter votre chiffre d'affaire et de vous faire connaître.

Inconvénients :

- ✓ Il faut investir dans un four pour la cuisson des objets que vous fabriquer. N'hésitez pas à faire appel aux sites de crowdfunding pour vous aider à financer votre projet.

- ✓ Il faut disposer de suffisamment de place chez soi. Cette activité convient bien aux personnes vivant en zones rurales ou péri-urbaines avec des locaux (anciennes boutiques en rez-de chaussée...).

68-Fabricant d'extensions pour cheveux

Les extensions de cheveux achetées en magasin peuvent être très coûteuses c'est pourquoi le marché de l'extension pour cheveux prospère aussi bien sur internet.

A partir de cheveux synthétiques et de quelques outils adaptés (ciseaux, colle, clips d'extension, fil) vous pourrez facilement lancer une activité de vente d'extensions.

Que ce soit pour un mariage, le temps d'une soirée juste pour se sentir plus féminine ou pour créer des dreadlocks synthétiques, la création de ce genre d'activité représente une opportunité de niche.

Avantages :

- ✓ Cette activité peut être démarrée avec un faible budget.

- ✓ Vous pouvez facilement promouvoir votre activité d'extensions pour cheveux en filmant des démonstrations sur le mode d'utilisation que vous pourrez diffuser sur les réseaux sociaux. You Tube, Facebook, Instagram, Snapchat...seront des outils de promotion et de vente. En créant une communauté autour de vos fans vous créerez directement un vivier d'acheteurs potentiels !

Inconvénients :

- ✓ L'activité vous demandera une grande polyvalence et un investissement en temps. Vous devrez créer vos extensions et vous charger aussi de la partie commerciale. Plusieurs mois d'efforts seront nécessaires pour augmenter votre référencement sur le web.

- ✓ Il faudra bien soigner vos emballages pour éviter les risques d'emmêlement des cheveux.

69-Créateur de maroquinerie éthique

Le comportement d'achat du consommateur est en train d'évoluer. La prise de conscience des gens sur la nécessité de sauvegarder les emplois au niveau national et le désir de donner du sens à un acte d'achat est en train de révolutionner les modes de consommation.

Les clients sont prêts à payer plus cher pour un article fabriqué avec un tissu bio, un tissu de récup ou un cuir de qualité fabriqué près de chez eux.

Vous pouvez ainsi fabriquer des articles de maroquinerie (porte-monnaie, sacs, porte-clés, étuis lunettes, sacoches pour ordinateurs, étuis pour i-phones…) en utilisant des matériaux de qualité.

Créer des articles de maroquinerie en y ajoutant une dimension éthique (consommation locale, bio, redonner vie à des tissus récupérés…) vous permettra de lancer une activité pérenne.

Avantages :

- ✓ L'activité n'exige pas un énorme budget pour le démarrage. Une bonne machine à coudre et des matériaux de bonne qualité seront vos seuls équipements. Si vous manquez de budget pour acheter des tissus, n'hésitez pas à faire appel aux dons. Certaines personnes seront ravies de vous aider à vous lancer en vous donnant des vêtements au lieu de les jeter. Toutes les friperies sont aussi une source d'approvisionnement à moindre frais pour vous pour récupérer des étoffes et beaux manteaux.

- ✓ Une activité qui a du sens intéresse les médias. N'hésitez pas à participer aux expositions locales d'artisans dans votre région et à contacter les médias (journaux, radios, TV). Il y a de fortes chances qu'un journaliste soit intéressé par un reportage sur votre activité. Le coup de pub sera alors immense.

Inconvénients :

- ✓ Il faut disposer de bases solides en couture pour pouvoir vendre des articles de qualité. Il est recommandé de renforcer vos compétences par quelques cours même si vous savez déjà coudre afin de bien poser une fermeture éclair ou une boutonnière.

- ✓ Pour vous faire connaître il faudra commencer par créer une collection d'articles. Cela vous demandera un long travail de préparation en amont pour pouvoir présenter un nombre intéressant d'articles dans votre boutique.

70- Modérateur

Le modérateur a pour mission de vérifier que le contenu diffusé par des internautes est approprié à la politique du site internet qu'il modère et qu'il reste conforme à la législation en vigueur.

Avantages :

- ✓ Le travail de modérateur est un travail de surveillance qui peut être réalisé en freelance depuis chez soi.

- ✓ Le modérateur peut travailleur pour plusieurs employeurs à la fois.

- ✓ Hormis un bon ordinateur, l'activité ne demande pas d'investissement financier.

Inconvénients :

- ✓ Le travail de modérateur est réputé pour être épuisant émotionnellement car il demande une grande vigilance et une bonne force psychologique. Certains contenus sont choquants. Le modérateur doit être prêt à voir des images parfois violentes.

- ✓ Le travail ayant lieu à domicile l'isolement social peut peser sur le moral. Il faut savoir décrocher de son écran pour passer du temps en famille et avec ses amis pour pouvoir effectuer ce travail dans la durée.

71-Vannier

Un vannier est un artisan qui tresse des tiges flexibles de végétaux (osier, paille, rotin...) pour confectionner des objets de décoration ou utiles au quotidien (paniers, boîtes de rangement, bacs pour rangement du pain dans les boulangeries, dessous de plat, lampes, miroirs, meubles...).

Avantages :

- ✓ Le travail de vannier est un travail qui convient aux personnes aimant travailler dans le calme et qui aiment créer des objets inspirés du terroir empreints de tradition avec des odeurs et couleurs authentiques.

- ✓ Le vannier peut vendre ses objets par correspondance sur internet, chez lui s'il dispose d'un atelier ou sur les marchés locaux d'artisans, dans les foires aux plantes…

- ✓ Le vannier peut organiser des ateliers de formation pour enfants ou adultes afin de faire découvrir son savoir-faire et le transmettre.

Inconvénients :

- ✓ L'hygrométrie (taux d'humidité dans l'air) est à prendre en considération. Un air trop sec rendra plus difficile le travail de l'osier par exemple.

- ✓ Une formation n'est pas obligatoire mais fortement recommandée. Le CAP de vannier ou des stages chez les artisans qui en proposent pourront vous aider à vous former.

72-Vendeur de produits régionaux

Le vendeur de produits régionaux propose des spécialités (miel, confitures, confiseries, bières, saucissons...) d'une ou plusieurs régions à la vente en ligne sur son propre site internet et/ ou sur les grosses plateformes de vente en ligne.

Les consommateurs sont en train de changer leur comportement d'achat préférant les produits de tradition avec le bon goût des saveurs d'antan.

La vente de produits régionaux est un marché de niche qui vous permettra de travailler de chez vous en vendant des produits de votre terroir dans le monde entier.

Avantages :

- ✓ Le travail de vendeur de produits régionaux vous permettra de développer votre propre emploi et aussi d'aider les entreprises locales. Ce travail correspond bien aux personnes très attachées à leur région car ils sont doués pour parler et vanter les mérites des produits locaux.

- ✓ Vous pouvez proposer la vente de produits sur les grosses plateformes de vente en ligne et sur votre propre site internet.

- ✓ Vous pouvez compléter la vente des produits du terroir par la vente d'autocollants, t-shirts, bijoux...

- ✓ Vous pouvez facilement utiliser les réseaux sociaux comme Instagram, Pinterest, Facebook pour fédérer une communauté de clients potentiels pour expliquer comment les produits sont fabriqués.

Inconvénients :

- ✓ Il faut avoir un excellent sens relationnel pour convaincre les producteurs locaux de vous faire confiance.

- ✓ Il faut disposer d'au moins une pièce dédiée à l'activité à son domicile.

73-Vendeur de décorations adhésives pour tuning

Le tuning est une activité de niche qui vise les personnes passionnées par la customisation de leur véhicule. Les décorations adhésives incluent la vente de stickers et autocollants pour tous véhicules, auto, moto, camion, 4x4, quad...

Avantages :

- ✓ Ce marché de niche permet de cibler une clientèle précise qui pourra acheter ce type de produits sur les grandes plateformes de vente en ligne ou directement sur votre site internet.

- ✓ L'utilisation des réseaux sociaux pour animer une communauté de passionnés autour du thème du tuning vous aidera à doper vos ventes.

Inconvénients :

- ✓ Il faut investir du temps dans la préparation de votre boutique en ligne et dans le lancement de votre compte de réseau social. L'activité décollera si vous utilisez les réseaux sociaux pour vendre.

- ✓ A moins de créer vous-même les motifs des décorations, il faut investir un minimum d'argent pour constituer son stock de départ. Vous pouvez vous fournir sur les plateformes de vente en gros.

74-Créateur de lampes

La création de lampes (guirlande lumineuse, lustre, lampe de chevet, lampe de bureau, suspension, luminaire extérieur...) est une activité qui peut être rapidement mise en place. Tout le monde doit à un moment ou un autre de sa vie acheter une lampe pour éclairer son logement, le décorer, chercher un cadeau à offrir à un ami pour une crémaillère, décorer des bureaux d'entreprises, des jardins...

Que ce soit à partir de matériaux de récup (bouteilles, ustensiles en métal, corde, branches de bois, vase, thermos, tuyaux pvc, magazines, bouteilles, boites de conserve, livres, mètres en bois, carton, chutes de tissu ...) ou de matériaux neufs les opportunités de création sont infinies.

Avantages :

- ✓ Cette activité convient bien aux personnes créatives habiles de leurs mains. Une formation n'est pas indispensable.

- ✓ Si vous choisissez de commencer une activité à base de matériaux de récupération, le coût financier de démarrage sera faible.

- ✓ Vous pouvez proposer un service de réalisation sur mesure à la commande (couleur, taille, matériau…). Les clients adorent pouvoir faire leur choix parmi plusieurs options.

Inconvénients :

- ✓ Le créateur de lampes doit consacrer aussi du temps pour la mise en ligne de ses produits en prenant des photos de qualité et en renforçant sa présence sur les réseaux sociaux.

- ✓ Il faut constituer un stock minimal pour constituer une boutique et donner envie à vos clients potentiels d'acheter vos produits.

75-Bouquiniste

Même avec le succès fulgurant des liseuses numériques certaines personnes continuent d'acheter des livres papiers et des revues anciennes.

Si vous aimez chiner dans les brocantes, vide-greniers et ventes aux enchères, vous pourrez acquérir des lots intéressants de livres et revues en tout genre que vous pourrez revendre sur les grandes plateformes du e-commerce.

Avantages :

- ✓ Les personnes qui aiment donner une seconde vie aux objets s'épanouiront dans cette activité.

- ✓ Vous n'avez pas forcément besoin d'un énorme stock pour vous lancer. La vente de vos premiers lots vous permettra de commencer à faire du chiffre d'affaire rapidement.

- ✓ Cette activité d'achat-revente est relativement simple à mettre en place. Elle ne demande pas d'avoir énormément de compétences en informatique. Les titres des livres et le nom des auteurs servent à effectuer un référencement naturel sur internet.

Inconvénients :

✓ Il vous faudra vous procurer régulièrement de nouveaux lots de livres et revues. Cela implique de se déplacer dans les vide-greniers et ventes aux enchères. Vous pouvez faire appel aux sites de dons en ligne.

76-Vendeur d'articles vintage

Le vendeur d'objets vintage est spécialisé dans la vente d'objets qui ne sont plus fabriqués aujourd'hui mais qui suscitent une grande nostalgie. Le choix des objets à proposer à la vente est vaste.

Les nostalgiques des années passées sont prêts à effectuer un achat plaisir pour retomber durant un cours instant dans les plaisirs de leur enfance.

Avantages :

✓ Que ce soient des disques vinyle, des cassettes audios, des consoles de jeu Nintendo des années 80, des personnages à collectionner provenant des paquets de céréales Weetos (souvenez-vous le professeur fou !) ou de lessive Bonux, des pins...le choix est immense.

- ✓ L'acheteur de produits vintage est prêt à mettre le prix pour se procurer un produit qui le replongera dans une période du passé où il s'est senti heureux. C'est un marché de niche basé sur le plaisir. Ce secteur peut s'avérer lucratif.

Inconvénients :

- ✓ Comme pour les livres, il faut savoir se débrouiller pour acheter des lots dans des vide-greniers, des ventes aux enchères, faire appel aux dons.

- ✓ Si vous achetez du matériel audio vous pourrez tomber sur des lots abîmés par le temps.

77-Artiste-peintre

L'activité d'artiste peintre est une activité qui peut être facilement réalisée à domicile.

L'artiste peintre peut ainsi créer des œuvres d'art originales sur différents types de supports (toiles, papier, tissus, verre...) en vue de les proposer à la vente et d'en tirer un salaire.

Avantages :

- ✓ L'activité n'exige pas de formation. Si vous aimez dessiner ou peindre et que vous êtes en mesure de produire un contenu artistique de qualité, vous pouvez parfaitement envisager ce type d'activité.

- ✓ Cette activité offre une grande liberté en termes d'organisation de l'emploi du temps, du choix des matériaux, des couleurs. Elle correspond bien aux personnes indépendantes qui aiment travailler seules.

- ✓ L'artiste peintre peut organiser des ateliers de formation pour enfants et adultes afin de se diversifier.

Inconvénients :

- ✓ Il faudra peindre un certain nombre d'œuvres afin de donner un aperçu de votre style.

- ✓ Les réseaux sociaux tels que Pinterest ou Instagram sont incontournables aujourd'hui pour vendre des produits artistiques sur internet. Il vous faudra investir du temps dans le lancement d'un ou plusieurs comptes pour gagner en visibilité. Des followers sont des clients potentiels. Ce ne sera donc pas du temps perdu.

78- Assistant de gestion

Si vous disposez de compétences en gestion (comptabilité, fiscalité, gestion du personnel, commercial, communication...) mais que vous ne souhaitez plus travaillez en entreprise ou que vous en avez marre des missions en intérim demandant de multiples déplacements, l'activité d'assistant de gestion en freelance à domicile vous correspond bien.

Avantages :

- ✓ L'activité peut être réalisée 100 % à domicile. Une simple connexion internet et un bon outillage informatique vous permettront d'exercer ce métier de chez vous.

- ✓ L'activité de freelance permet une grande diversité des missions. Vous restez maitre de votre emploi du temps et du choix des entreprises pour lesquelles vous choisissez de travailler.

Inconvénients :

- ✓ Il faut disposer d'un bon ordinateur et disposer des logiciels nécessaires à l'exercice de cette activité. Cela représente un investissement financier minimal à réaliser si vous ne disposez pas de matériel.

79-Créateur d'objets en porcelaine froide

Le créateur d'objets en porcelaine froide crée des produits des objets décoratifs (boites, porte-clés, figurines, bijoux…). Ses créations peuvent être vendues sur les grandes plateformes de vente en ligne, sur son propre site internet, sur les marchés d'artisan. Les réseaux sociaux comme Pinterest et Instagram sont également des outils de vente à ne pas négliger pour faire connaître les créations.

Avantages :

- ✓ L'avantage de la porcelaine froide est qu'elle ne demande pas de cuisson car la porcelaine froide sèche et durcit à l'air libre en permettant un très joli rendu. Une grande palette de couleurs est proposée à la vente.

- ✓ Le coût de démarrage de l'activité est faible. Un set d'outils à modeler et quelques paquets de porcelaine froide vous permettront de créer vos premiers objets et de les proposer à la vente.

Inconvénients :

- ✓ La porcelaine froide ne demande pas de cuisson mais il faut respecter un temps de séchage de 1 à 7 jours selon la taille et l'épaisseur des objets.

- ✓ La porcelaine froide est fragile. Il faut prévoir des emballages adaptés pour ne pas risquer de casser les objets créés pendant le transport.

80-Créer un service d'entretien des monuments funéraires

Offrir un service d'entretien pour les monuments funéraires aux personnes manquant de temps ou vivant trop loin de la sépulture de leurs proches est une activité en plein essor.

L'activité requiert de fournir un travail sérieux en effectuant le travail de nettoyage des sépultures (balayer la tombe, enlever les fleurs fanées) en les fleurissant, en entretenant les plantes et en fournissant la preuve que le travail est bien réalisé en envoyant une photo au client après chaque prestation.

Avantages :

- ✓ Le travail implique un déplacement dans les cimetières mais la base administrative peut être entièrement régie depuis votre domicile.

- ✓ Créer un site internet pour y expliquer la nature de vos prestations et les communes sur lesquelles vous pouvez intervenir vous donnera une grande visibilité. Vous pouvez avoir des clients en France comme dans le monde entier (Français expatriés qui ont leurs proches enterrés en France).

- ✓ Vous pouvez effectuer des prestations pour les humains comme pour les animaux. Certaines personnes très attachées à leurs animaux souhaitent honorer leur mémoire par des gestes symboliques.

- ✓ Si vous disposez de compétences en art floral, vous pouvez proposer la vente de compositions de fleurs pour effectuer des ventes supplémentaires.

Inconvénients :

- ✓ Le marché de la mort est un marché qui suscite un malaise chez beaucoup de personnes. Il s'agit pourtant d'un marché très lucratif dans un cadre de travail calme. Les clients sont en général très satisfaits du service offert. Sans agent d'entretien de service funéraire la tombe de leurs chers disparus partirait à l'abandon.

- ✓ Il faut disposer d'une bonne condition physique car le métier implique de travailler dehors en hiver comme en été.

- ✓ Il faut disposer d'un moyen de transport pour pouvoir envoyer le matériel de nettoyage et les fleurs.

81-Créateur d'accessoires pour animaux

Avec 12,7 millions de chats, 7,3 millions de chiens, 5,8 millions d'oiseaux, 34,2 millions de poissons et 2,8 millions de petits mammifères le marché des animaux de compagnie est un secteur qui offre des opportunités de créer son activité de créateur d'accessoires pour animaux.

Que ce soit comme créateur de médaille personnalisée, des coussins, arbres à chat, des colliers ou encore des pierres tombales, le secteur ne manque pas d'opportunités et tout genre.

Avantages :

- ✓ L'activité ne demande ni formation particulière ni de savoir-faire. Si vous êtes un bon vendeur et que vous trouvez une idée originale pour mettre en valeur la beauté des animaux de compagnie ou leur confort alors vous pourrez rapidement vous lancer dans l'aventure.

- ✓ L'activité peut être lancée sur plusieurs plateformes de vente en ligne en même temps.

Inconvénients :

- ✓ Comme pour toute activité de vente en ligne, les réseaux sociaux sont incontournables pour vendre aujourd'hui. Même si votre matou modèle n'a pas la notoriété de Choupette Lagerfeld, il vous faudra réaliser une série de photos de qualité mettant en valeur vos créations et ce qu'elles apportent aux animaux. Cela demandera du temps et de la patience pour obtenir les clichés parfaits.

- ✓ L'activité vous demandera un travail de préparation pour présenter une première collection. Vous pouvez miser sur les tendances du moment pour apporter de la valeur ajouter à vos créations (créer des vêtements végan friendly pour chiens par exemple, des paniers en coton bio). Si vous avez une invention novatrice en tête vous pouvez tenter votre chance au célèbre concours Lépine.

82-Généalogiste

Un généalogiste est une personne qui pratique l'étude des familles.

Dans le cadre de la généalogie successorale, il recherche les héritiers d'une personne décédée sans famille connue à la demande d'un notaire. Le généalogiste fait alors signer un contrat de révélation de succession afin de pouvoir toucher une rémunération au moment du règlement de la succession par le notaire. Le montant du salaire varie en fonction du montant de la part d'héritage reçue pas héritier retrouvé et du degré de parenté.

Dans le cadre de la généalogie familiale le généalogiste effectue des recherches à la demande des familles sur leurs ancêtres. Le généalogiste est alors rémunéré en fonction du contrat de recherche établi.

Avantages :

- ✓ Aucune formation n'est obligatoire.

    Le métier de généalogiste n'est aujourd'hui pas réglementé en France. Tout individu peut devenir généalogiste. Toutefois, le généalogiste est un expert de l'histoire, du droit, de l'enquête. Il se doit, à ce titre, d'être polyvalent et de posséder des compétences et des connaissances aussi diverses que variées.

✓ Les notaires ont de plus en plus recours à des généalogistes, dans le but d'alléger leur travail et de régler des successions complexes.

Inconvénients :

✓ Le salaire du généalogiste est variable. Les honoraires du généalogiste sont calculés au pourcentage selon le montant total de la succession. Il ne faut pas oublier de faire signer un contrat de révélation pour être payé au moment du règlement de la succession.

✓ Le salaire est versé une fois la succession réglée. Le généalogiste devra avancer les frais de déplacement s'il est amené à se déplacer dans les fonds d'archives.

83-Créateur d'objets en vitrail style Tiffany

Le créateur d'objets en vitrail est amené à créer des objets décoratifs (lampes, photophores, appliques, mobiles…) en utilisant la technique du vitrail Tiffany.

Avantages :

✓ Les objets créés présentent un caractère unique et artistique. Les personnes qui commencent une activité de vitrailliste pourront réussir à en vivre. Ils représentent un objet vedette sur les listes de mariage.

- ✓ Une fois que vous aurez acquis les compétences de vitrailliste vous pourrez proposer des ateliers de formations pour adulte.

Inconvénients :

- ✓ Si aucune formation n'est obligatoire, il est toutefois recommandé de suivre au moins des stages d'initiation qui vous expliqueront les bases et les techniques. Il faudra prévoir cette formation dans votre emploi du temps et dans votre budget avant de vous lancer.

    Vous trouverez des tutoriels de formation intéressants sur YouTube si vous souhaitez vous initier seul.

- ✓ L'expédition des objets demandera un grand soin des emballages pour éviter tout risque de casse.

84-Restaurateur de vélos anciens

Avec le retour en force du vintage et le désir de consommer de manière plus responsable sans acheter du neuf, la restauration de vélos anciens est une activité de niche pour lancer une activité à son domicile.

Que vous récupériez des vélos anciens dont les gens ne veulent plus ou que vous effectuiez de la rénovation à la commande cette activité vous satisfera si vous aimez travailler de vos mains.

Avantages :

- ✓ L'activité correspond au désir des citoyens de recycler plutôt que de consommer sans réfléchir. La restauration de vélo est une activité socialement responsable permettant de réduire l'empreinte carbone.

- ✓ Le nombre de vieux vélos jetés chaque année est important. Vous pourrez vous procurez une partie de votre stock sans rien avoir à payer.

- ✓ Si vous aimez partager votre passion, vous pourrez organiser des ateliers pour apprendre aux gens à restaurer eux-mêmes leurs vélos.

Inconvénients :

- ✓ Il vous faudra disposer au moins d'un garage ou d'une cave pour réaliser cette activité.

- ✓ Il faut être un bon bricoleur ou alors passer une formation certifiante qui vous donnera les bases nécessaires à la pratique de cette activité.

85-Consultant en Feng shui

Le Feng Shui est une pratique ancestrale chinoise dont le but est d'harmoniser les lieux de vie afin que les occupants s'y sentent bien.

Le fondement du Feng Shui est de considérer que chaque lieu est traversé par des énergies favorisant le bien être, la santé, la sérénité. La circulation des énergies doit favoriser l'équilibre entre le Yin et le Yang (principe féminin et principe masculin).

Si un logement, un bureau ou un commerce n'a pas ses énergies harmonisées, le bien être est menacé.

Les ventes peuvent ne pas se faire dans un magasin, les habitant d'un logement peuvent avoir des difficultés à trouver le sommeil.

Avec le développement du développement personnel, les consultants en Feng Shui trouvent toute leur place pour créer leur activité.

Ils peuvent intervenir avant la construction d'un logement pour donner des conseils sur l'orientation ou après pour donner des conseils sur l'aménagement intérieur, la décoration, l'éclairage, le rangement, la réduction et le traitement des ondes électromagnétiques…

Avantages :

- ✓ Cette activité est non réglementée. Elle peut s'exercer sans diplôme. Toutefois, pour être performant et bien conseiller les clients il est recommandé de suivre une formation.

- ✓ Le consultant en Feng Shui intervient autant auprès des particuliers pour l'aménagement des maisons que des professionnels pour l'amélioration des conditions de travail dans les bureaux. Il peut intervenir chez eux ou à distance à partir de photos et plans qu'il reçoit.

- ✓ Le consultant en Feng Shui peut aussi proposer en plus des prestations de home-staging, de décoration d'intérieur, de coaching en rangement, de paysagisme…

Inconvénients :

- ✓ Le consultant en Feng Shui devra construire sa réputation par le bouche à oreille pour se constituer une clientèle. Il devra se mettre en contact avec les professionnels du bâtiment et de l'immobilier afin d'attirer des clients potentiels.

- ✓ Le consultant en Feng Shui devra disposer d'un moyen de transport pour se rendre chez ses clients à moins de n'intervenir qu'à distance en utilisant plans et photos.

86-Créer un cabinet de soins énergétiques

Avec le stress de la vie moderne les Français sont de plus en plus férus d'activités liées au bienêtre et au développement personnel.

Les massages énergétiques (Lahochi, Reiki, Shiatsu) agissent tant au niveau du corps physique qu'au niveau mental, émotionnel et spirituel.

Les massages énergétiques réveillent et vivifient les fonctions vitales en fournissant à l'organisme l'énergie nécessaire pour se régénérer.

Avantages :

- ✓ Si vous disposez d'une salle vous permettant de recevoir les clients dans un cadre calme et apaisant, cette activité se prête bien à l'exercice à domicile.

- ✓ En France, la profession de praticien en soins énergétiques n'est pas réglementée. Son exercice est libre, sans avoir à donner la preuve d'une formation ou d'un diplôme particulier. Toutefois, pour apporter un réel bien être au client il est conseillé de suivre une formation.

- ✓ L'activité peut être élargies aux entreprises. Si vous souhaitez travailler un peu en dehors de chez vous,

vous pouvez contacter des entreprises pour proposer vos services. De plus en plus d'entreprises se soucient du bienêtre de leurs salariés.

Inconvénients :

- ✓ Il vous faudra constituer votre clientèle. N'hésitez pas à faire de la publicité dans les journaux locaux, les sites d'annonces comme le bon coin. Vous pouvez aussi créer votre page Facebook pour expliquer la nature de vos services et entrer dans le réseau des gens influents près de chez vous (mairies, infirmiers…).

- ✓ Les formations en écoles de soins énergétiques sont chères.

- ✓ Le travail indépendant à domicile accueillant des clients est soumis à autorisations. Si vous êtes locataire vous devez en faire la demande à votre propriétaire et vérifier au préalable que votre bail ou règlement de copropriété ne vous l'interdit pas. Selon la taille de votre commune, les conditions changent. Les villes de plus de 200 000 habitants ne permettent pas de recevoir de clients chez vous sans autorisation du maire sauf si vous habitez en rez-de-chaussée.

87-Créateur de jardins miniature

A mi-chemin entre le métier de décorateur et de jardinier, le créateur de jardins miniatures crée des pièces d'exception avec des plantes vivantes dans le but de favoriser un environnement zen ou féérique.

Les créations peuvent être placées dans des récipients en verre, des tasses en utilisant parfois de petits objets décoratifs pour agrémenter la création (petites fées, portes de fée, pont, chaises miniatures…).

Avantages :

- ✓ Les jardins miniatures peuvent être créés avec un grand nombre de plantes (Fittonia et Hypoestes, Peperomia, Tradescantia, Saintpaulia, cactus et les succulentes, mousses…).

- ✓ Vous pouvez créer et vendre vos jardins miniatures comme des pièces d'art ou alors vendre des kits pour permettre aux clients de les fabriquer chez eux.

Inconvénients :

- ✓ Les compositions étant fragiles, l'emballage est à soigner pour éviter tout risque de casse durant le transport pour les ventes par correspondance.

- ✓ Si vous souhaitez vendre à l'international veillez à prendre en compte la réglementation en vigueur concernant les végétaux pour ne pas risquer d'avoir vos créations confisquées aux douanes.

88-Calligraphe

La calligraphie est l'art de bien former les caractères d'écriture manuscrite. Ce mot provient des radicaux du grec ancien (kállos, « beau ») et (grapheîn, « écrire »).

Même si les gens correspondent de moins en moins par écrit en se postant des lettres, il reste des événements spéciaux dans la vie que certaines personnes souhaitent mettre en valeur en faisant appel à un calligraphe.

Ainsi, certaines personnes souhaiteront que leurs faire-part de mariage ou de baptême soient écrits méticuleusement à la main par un calligraphe sur un papier de haute qualité. Le calligraphe peut aussi créer des tableaux indiquant un prénom joliment écrit à la main, sa signification, son origine…

Avantages :

- ✓ L'activité peut être réalisée à domicile à l'aide d'un site internet.

- ✓ Le calligraphe peut proposer des formations vidéo en ligne ou créer des ateliers de formation à son domicile.

- ✓ Si vous maitrisez plusieurs langues à l'écrit comme à l'oral (ex : chinois, japonais, arabe, hébreu, russe…) vous pouvez utiliser en plus ces compétences pour les mettre en valeur (exemple de faire-part de mariage bilingue pour des couples de deux origines différentes).

Inconvénients :

- ✓ La calligraphie demande la maitrise d'un savoir-faire qui s'apprend. Si vous n'avez aucune base, il vous faudra suivre une formation. Certains calligraphes proposent des cours de calligraphie.

- ✓ Il faudra créer votre réputation. Créer un portfolio de vos créations sera nécessaire pour convaincre les clients de votre site internet de faire appel à vous pour des grosses commandes. L'utilisation des réseaux sociaux comme Pinterest ou Instagram vous seront d'une aide précieuse pour vous faire connaître.

89-Créer un service de numérisation des cassettes VHS, cassettes audio, bobines, diapositives, photos anciennes

L'avènement de l'ère du tout numérique a sonné le glas des magnétoscopes et caméscopes des années 80 et 90.

Nombreux sont les gens qui disposent encore de cassettes comportant des souvenirs précieux de leur mémoire familiale et de vieilles diapositives empilées dans leur grenier.

Offrir un service de numérisation c'est offrir aux personnes qui le désirent l'opportunité de sauvegarder les souvenirs de famille en vue de les transmettre à leurs descendants.

Avantages :

- ✓ L'activité peut être réalisée de chez vous en créant un site internet et en utilisant les sites d'annonces pour promouvoir vos services.

- ✓ En plus d'un service de numérisation vous pouvez proposer un service de retouche ou restauration de photo.

Inconvénients :

- ✓ Il est recommandé d'avoir au moins une pièce dédiée à l'exercice de cette activité qui demandera rigueur et organisation dans le rangement. Il ne faudra pas confondre les commandes des clients et leur livrer la bonne commande.

- ✓ Le démarrage de l'activité demande d'investir dans du matériel qui permettra d'effectuer la conversion.

- ✓ Il faudra créer votre réputation en vous construisant une identité sur les réseaux sociaux pour que vos clients potentiels aient confiance en vous avant de vous expédier leurs souvenirs.

90-Créer et exploiter des chambres d'hôtes

Si vous disposez d'espaces inoccupés dans votre propriété permettant d'accueillir des touristes, vous pouvez envisager de créer votre service de chambre d'hôtes.

Le véritable service de chambres d'hôtes consiste à accueillir en amis des clients et à leur fournir une prestation de qualité tant au niveau de la literie que des repas que vous leur proposez.

Avantages :

- ✓ Le service demande un bon sens commercial et des connaissances culturelles pour savoir parler de la région à vos hôtes. Il faut savoir mettre à l'aise toute type de clientèle pour que les hôtes se sentent comme chez eux.

✓ La prestation est bien rémunérée si vous parvenez à encourager les clients à prendre les repas avec vous.

Inconvénients :

✓ Pour pouvoir prétendre au titre de chambres d'hôtes il faut effectuer une demande de label. Pour recevoir cette clientèle spécifique qui a souvent un budget confortable, il faut d'abord faire l'effort d'obtenir ce label. Cela passe par une visite à votre domicile pour valider votre label et ensuite par des contrôles réguliers de vos prestations.

✓ Accueillir des gens chez soi est un métier qui implique une grande disponibilité horaire et une grande polyvalence (ménage, cuisine, jardinerie, donner des conseils touristiques, créer une ambiance chaleureuse et conviviale.

91-Créer un service de location de meublé touristique

Si vous disposez d'un bien indépendant à louer ou que vous souhaitez louer une partie de votre maison à des vacanciers, vous pouvez envisager de créer un service de location de meublé touristique.

La prestation de location de logement de meublé touristique inclue la location d'un logement avec ses capacités de couchages et les appareils ménagers. Ce service n'implique pas d'offrir une prestation de repas aux vacanciers.

Avantages :

- ✓ La location de meublé touristique offre une plus grande indépendance au propriétaire. Une fois que la remise des clés est effectuée, le propriétaire n'a normalement pas à intervenir.

- ✓ Les prix pratiqués varient en fonction de la saison. Vous êtes libres de monter vos prix durant la saison estivale comme le font les hôtels.

- ✓ Si vous êtes sur place vous pouvez louer votre bien toute l'année à la semaine.

Inconvénients :

- ✓ Une grande polyvalence est exigée. Il faut pouvoir intervenir rapidement en cas de fuite, de panne de chauffe-eau, de toilettes bouchées. Si vous n'avez pas les compétences nécessaires, il est recommandé de vous constituer un carnet d'adresses de réparateurs prêts à intervenir rapidement.

- ✓ Il faut établir clairement les règles dès le départ avec vos locataires. Si vous n'incluez pas le ménage de départ dans vos tarifs il faut l'inscrire noir sur blanc dans le contrat de location au risque de retrouver votre logement sale. L'ajout d'une caution est fortement recommandé pour responsabiliser les locataires.

- ✓ Selon votre zone d'habitation, vous ne pourrez pas offrir votre bien à la location plus d'un certain nombre de jours par an.

92- Cultiver des plantes aromatiques et les transformer

Si vous disposez d'un terrain vous pouvez envisager de devenir cultivateur de plantes aromatiques (safran, anis, fenouil, thym, romarin, sauge, lavande, cerfeuil…) que vous transformerez en vue de les vendre.

Vous pourrez vendre vos récoltes au niveau local sur les marchés d'artisans ou sur internet via votre propre site internet et sur les grandes plateformes de vente en ligne.

Avantages :

- ✓ Les plantes aromatiques sont des plantes qui poussent relativement bien et qui sont faciles d'entretien.

Toute personne qui a la main verte peut se mettre facilement à en cultiver.

- ✓ Les produits fabriqués en France sont de nouveaux privilégiés par les Français. Indiquer la provenance de vos produits et raconter leur histoire vous aidera à développer vos ventes.

Inconvénients :

- ✓ Il vous faudra attendre les premières récoltes avant de pouvoir commencer à effectuer vos premières ventes. Par contre fois que vos plants commenceront à pousser vous les conserverez plusieurs années.

- ✓ Il vous faudra un endroit dédié au séchage des plantes et à leur conditionnement en sachets.

- ✓ L'hygrométrie sera à prendre en compte lors du choix de vos plantes si vous les laissez sécher à l'air libre. Autrement il faudra les déshydrater à l'aide d'un appareil spécifique.

93-Coach en relooking

Un style révèle la personnalité d'une personne celle-ci communiquant de manière non verbale par l'image qu'elle dégage d'elle-même.

Le coach en relooking intervient dans le but d'aider une personne à montrer à l'extérieur ce qu'elle est à l'intérieur en choisissant des vêtements et accessoires qui la mettront en valeur.

La palette de services va de la recherche de style au conseil comportemental (attitude verbale et non-verbale).

Avantages :

- ✓ L'activité peut être créer en ligne de chez vous pour des prestations à distances par webcam ou téléphone. Elle peut aussi être réalisée dans votre région en rencontrant vos clients chez vous ou dans un café.

- ✓ La palette de services à offrir est vaste :

    -Accompagner le client pour faire du shopping et l'aider à choisir ses vêtements.
    -effectuer une analyse morphologique : quelles sont les coupes, les matières les plus adaptées à la silhouette.
    -Effectuer le tri de la garde-robe
    -Effectuer un bilan de colorimétrie (choix des couleurs les plus adaptées).

- ✓ La prestation de relooking est susceptible d'intéresser autant les professionnels que les particuliers en quête de bienêtre.

Inconvénients :

- ✓ Il faudra vous faire connaître. N'hésitez pas à promouvoir vos services dans la presse locale, sur les radios locales, sur les réseaux sociaux, les sites de petites d'annonces. Plus vous diffuserez du contenu sur vos prestations, votre localisation géographique, plus vous serez reconnu comme expert en la matière.

- ✓ Vous devrez faire preuve d'une grande disponibilité au niveau des horaires et des jours de travail. Vous serez amené à travailler de manière décalée parfois en soirée et le samedi pour vous adapter aux emplois du temps des gens qui travaillent.

94- Encadreur

L'encadreur est un artisan qui met en valeur une œuvre (photo, broderie, dessin, peinture, aquarelle, gravure, carte...) en fabriquant un cadre entièrement à la main.

Avantages :

- ✓ Cette activité peut être réalisée de chez vous en accueillant les clients à votre domicile et à distance en utilisant les documents numériques envoyés par mail par les clients.

- ✓ En plus de vos prestations d'encadrement, vous pouvez créer et vendre une formation vidéo en e-learning sur votre site internet. Les personnes qui souhaitent acquérir des compétences sans nécessairement suivre un cursus de formation long apprécieront de pouvoir se former.

- ✓ Si vous avez la possibilité d'accueillir des clients chez vous, vous pouvez réaliser des ateliers payants pour aider les gens à encadrer eux-mêmes leurs tableaux. De nombreuses personnes réalisant des peintures, dessins ou de la photo aiment mettre en valeur leurs créations.

Inconvénients :

- ✓ Il faudra vous faire connaître. L'utilisation des réseaux sociaux pour exposer vos réalisations et faire savoir que vous vendez une formation sera nécessaire.

- ✓ Il faudra investir dans du matériel d'encadrement au départ ce qui représente un coût financier.

95- Conseiller en home-staging

L'activité de home stager consiste à gommer les défauts d'un logement en réorganisant l'espace de manière à faciliter la vente du bien immobilier.

Avantages :

- ✓ Le home stager peut offrir des prestations de conseils à distance à partir de photos que le client lui envoie.

- ✓ Il n'existe pas de diplôme obligatoire pour exercer cette profession. Les formations existantes sur le marché durent environ 3-4 jours.

- ✓ Vous pouvez offrir en plus de votre activité des sessions de formations sur 3-4 jours.

- ✓ Vous pouvez utiliser votre expérience en tant que home-stager pour créer et vendre votre formation en e-learning par le biais de vidéos téléchargeables.

Inconvénients :

- ✓ Il est nécessaire d'avoir un bon sens relationnel.

- ✓ Il faudra vous créer une identité digitale sur les réseaux sociaux afin d'être reconnu comme un acteur incontournable du secteur du home-staging.

96-Créateur de couches et serviettes hygiéniques lavables

Avec les scandales liés à la composition des couches et protections féminines, les consommateurs se montrent de plus en plus méfiants.

Le développement du marché des couches et des protections hygiéniques féminines lavables est en pleine expansion.

Créer un site internet pour vendre vos créations et les proposer en plus sur les grandes plateformes de vente en ligne vous permettra de lancer de chez vous une activité à domicile.

Avantages :

- ✓ Le marché est porteur. Les consommateurs en quête de produits sains pour leur santé seront attirés par ce type de produits.

- ✓ Des créations faits-mains fabriqués en France sont un atout pour la vente. Effectuer un acte d'achat local est une démarche de plus en plus plébiscitée par les consommateurs.

- ✓ Vous positionner sur le créneau des textiles bio sans utilisation de produits chimiques vous fera gagner la confiance des clients. Ajouter une explication sur la provenance de vos tissus et leur histoire (qui ils font vivre…) apportera une haute valeur sociétale à vos produits.

Inconvénients :

- ✓ Il faut maîtriser les bases de la couture à la machine pour se lancer dans cette activité. De nombreux ateliers de formations en couture sont disponibles un peu partout en France.

- ✓ Il vous faudra suffisamment de place chez vous pour stocker votre machine à coudre et les tissus. L'idéal est d'avoir une pièce dédiée à cette activité.

- ✓ Il faut créer une première collection afin de gagner en visibilité et se faire connaître sur les réseaux sociaux (Pinterest, Instagram). Cela vous amènera du trafic sur votre site internet.

97-Créateur de box mensuelles surprises

Nombreux sont ceux et celles qui ont reçu une pochette surprise remplis de jouets et friandises au cours de leur enfance.

Le principe des box mensuelles surprises est le même. Il consiste à générer des abonnements mensuels aux clients qui auront en retour le plaisir de découvrir des produits qu'ils ne connaissent pas (produits alimentaires, des cosmétiques, bijoux…).

Avantages :

- ✓ Créer un site spécialisé dans la vente de box surprises est un bon moyen de lancer une activité de chez vous.

- ✓ Le marché vise tout le monde. Vous pouvez viser les hommes, les femmes, les enfants, les animaux.

- ✓ La box surprise est le cadeau idéal des clients lorsqu'ils sont en manque d'inspiration. Les clients ont souvent peur de décevoir la personne qui recevra un cadeau. La box surprise laisse la responsabilité du choix du contenu à son créateur.

- ✓ Si les produits inclus dans les box sont artisanaux vous pouvez les vendre en ligne sur les grandes plateformes du e-commerce artisanal.

Inconvénients :

- ✓ Le travail à réaliser en amont avant la vente est important. Il faut contacter des producteurs et négocier les prix des produits.

- ✓ Il faut une grande créativité pour continuer à surprendre les abonnés dans la durée.

- ✓ Il faut se faire connaître. N'hésitez pas à utiliser les réseaux sociaux pour dévoiler le contenu de la box du mois précédent. Contacter la presse locale pour faire savoir que vous faites la promotion des produits locaux de votre région peut vous apporter des abonnements.

98-Fleuriste en ligne

La création d'une activité de fleuriste en ligne ne demande pas forcément d'être fleuriste ni de manipuler la moindre fleur.

La manière la plus simple pour devenir fleuriste en ligne est de s'affilier avec l'un des principaux fournisseurs du marché des fleurs et de créer un site internet qui commercialisera les fleurs.

Lorsque les clients passeront la commande, celle-ci sera envoyée au site partenaire qui se chargera de l'exécution de la commande et de son envoi au domicile du client.

Vous gagnerez de l'argent en ayant une petite commission sur les ventes que vous génèrerez.

Avantages :

- ✓ L'activité peut être réalisée 100 % à partir de chez vous.

- ✓ L'activité ne demande pas de gestion des stocks. Vous n'avez pas à vous occuper des invendus.

Inconvénients :

- ✓ Il faudra créer un site internet avec vitrine. Si vous ne possédez pas de compétences en informatique vous devrez faire appel à un prestataire spécialisé.

- ✓ L'activité demandera un gros investissement en temps pour faire référencer votre site. En tant qu'affilié votre mission principale sera de trouver des clients en créant du contenu lié à l'art floral. Vous devrez encouragez les visiteurs de votre site à s'abonner à votre newsletter et à communiquer leur adresse email. Cela permettra de leur faire parvenir toutes les offres commerciales.

- ✓ La saisonnalité est un élément important qui impactera le montant des revenus. Vous ne compterez pas vos heures de travail au moment de la fête des grands-mères, la fête des mères, le 1er mai, la Toussaint, Noël.

99-Créer une boutique pour cadeaux de naissance

L'arrivée d'un enfant est toujours un événement heureux pour lequel les clients ont tendance à se laisser séduire par des achats plaisirs.

La création d'une boutique en ligne de cadeaux de naissance est un service utile pour tous les gens qui ont un cadeau à offrir mais qui manquent de temps pour aller faire du shopping.

Avantages :

- ✓ La gamme de produits que l'on peut offrir à l'occasion d'une naissance est immense (gâteaux de couche, doudous, layette, mobiles…).

- ✓ Si vous créez des produits artisanaux faits-mains vous pourrez les proposer sur les grandes plateformes de vente en ligne en plus de votre site internet.

Inconvénients :

- ✓ Il faudra faire connaître votre activité. L'utilisation des réseaux sociaux pour vendre sera indispensable. Un cadeau de naissance c'est aussi une émotion intense. Vous devrez utilisez les réseaux sociaux pour mettre en valeur le caractère unique des produits que vous offrez à la vente.

- ✓ Si vous confectionnez vous-mêmes les articles vous devrez effectuer un travail important en amont afin de garnir votre boutique.

100-Créer blog de cuisine

Si vous aimez cuisiner et que vous avez des idées à partager, vous pouvez parfaitement envisager de créer votre blog de cuisine.

A défaut de pouvoir ouvrir votre laboratoire de cuisine chez vous en raison des normes d'hygiène très strictes en la matière, vous pouvez donner des idées à d'autres personnes en proposant des recettes et en expliquant pas à pas comment les réaliser.

Avantages :

- ✓ L'addition d'articles et de recettes vous permettra de sortir un livre.

- ✓ Vous pouvez percer en trouvant un secteur de niche comme les recettes végan, les recettes cétogènes, les recettes régionales, les recettes d'antan sur la cuisine dans l'histoire (Antiquité, Moyen-Âge…).

- ✓ Vous pourrez ajouter sur votre site des liens vers sites partenaires vendant des articles liés au thème de la cuisine.

Inconvénients :

- ✓ Il faut une grande polyvalence tant au niveau de la rédaction des recettes et la prise de photos de qualité.

- ✓ Il faut pouvoir y consacrer du temps. L'achat des produits frais à cuisiner et la préparation des recettes vous demanderont un gros investissement en temps. Il faut garder à l'esprit que vous travaillerez pour la préparation d'un livre.

- ✓ En plus de votre blog il faudra nourrir votre identité numérique en apportant un contenu régulier sur les réseaux sociaux (Instagram, Pinterest).

101-Créer un site de rencontre

Le marché des sites de rencontres a explosé en ligne ces dernières années. Tout le monde connaît le nom des principaux acteurs du marché. Il est possible de monter son agence de rencontre spécialisée en ligne très rapidement grâce à l'affiliation. En utilisant le principe de l'affiliation vous êtes rémunérés grâce à un pourcentage sur les ventes que les clients font en utilisant votre site.

Avantages :

- ✓ Les thématiques des sites de rencontre sont très variées (infidèles, adulte, coquin…).

- ✓ La création de de l'activité est rapide car vous avez à votre disposition tous les outils offerts par les sites proposant l'affiliation.

Inconvénients :

- ✓ Votre travail consistera à attirer du trafic sur votre site internet et à convertir les visites en inscriptions. Cela requiert des compétences en webmarketing. Si vous n'en possédez pas n'hésitez pas à faire appel à un consultant en webmarketing qui saura vous fournir les précieux conseils nécessaires au démarrage de l'activité.

✓ Plusieurs mois seront nécessaires avant de pouvoir en tirer un revenu.

✓ Les sites les plus lucratifs sont les plus tabous. Les sites de rencontre pour adultes sont de loin les plus lucratifs. Il vous faudra être à l'aise avec la nature de votre activité.

Table des matières

1-Professeur en ligne (e-learning) 6

2-Traducteur 8

3-Rédacteur spécialisé en rédaction SEO (search engine optimization) 10

4-Community Manager (animateur de communauté) 12

5-Relecteur-correcteur 14

6-Rédacteur de CV et lettres de motivations 16

7-Rédacteur auto-édité d'ebooks (livres numériques) 18

8-Rédacteur d'e-books à la commande 20

9-Copywriter-storyteller 21

10-Ecrivain public à caractère juridique 23

11-Transcripteur de fichier audio 25

12-Opérateur de saisie 26

13-Enquêteur en ligne 28

14-Créer un site d'alibis 30

15-Consultant en e-réputation 32

16-Créateur de formation digitale en e-learning 34

17-Développeur et intégrateur web 35

18-Digital marketeur 37

19-Maquettiste 38

20-Graphiste designer 40

21-Créateur de plans d'architecture 41

22-Spécialiste en retouche de photos 43

23-Assistant virtuel ou concierge en ligne 44

24-Secrétaire à domicile 47

25-Comédien voix-off 48

26-Ingénieur du son 50

27-Compositeur 52

28-Parolier 53

29-Créateur monteur de vidéos 55

30-Attaché de presse digital 57

31-Rédacteur de business plans 59

32-Consultant en veille concurrentielle 61

33-Téléprospecteur 62

34-Coach pour créateur de boutique en ligne 64

35-Vendeur d'articles digitaux téléchargeables pour loisirs créatifs 66

36-Astrologue 68

37-Vendeur d'articles ésotériques 70

38-Coach en gestion de finances personnelles 71

39-Réflexologue 74

40-Sophrologue 76

41-Naturopathe 79

42-Pet Sitter en famille d'accueil 80

43-Éducateur canin et comportementaliste 82

44-Coach en rencontre amoureuse 84

45-Coach en développement personnel 86

46-Créateur de cosmétiques végans 88

47-Créateur d'articles customisés 89

48-Créateur de vêtements grande taille 91

49-Courtier 93

50-Créateur de matériel éducatif 94

51-Mosaiste 96

52-Restaurateur de meubles 97

53-Créateur de jeux de société 99

54-Assistant(e) maternel(le) 101

55-Créateur/ vendeur/loueur de déguisements/costumes ... 102

56-Réparateur de téléphones mobiles et tablettes 104

57-Vendeur d'objets érotiques 105

58-Joueur de poker... 106

59- Créateur vendeur de graines, boutures et semis 108

60-Quincailler pour maisons de poupée miniatures............ 109

61-Organisateur d'événements 111

62-Conseiller en immobilier 112

63-Trader en ligne 114

64-Vendeur de tatouages éphémères 115

65-Créateur de bijoux 117

66-Créer un blog sur la perte de poids 118

67-Céramiste 119

68-Fabricant d'extensions pour cheveux 121

69-Créateur de maroquinerie éthique 122

70- Modérateur 124

71-Vannier... 125

72-Vendeur de produits régionaux 127

73-Vendeur de décorations adhésives pour tuning............... 128

74-Créateur de lampes 129

75-Bouquiniste 131

76-Vendeur d'articles vintage 132

77-Artiste-peintre 133

78- Assistant de gestion 135

79-Créateur d'objets en porcelaine froide 136

80-Créer un service d'entretien des monuments funéraires
.... 137

81-Créateur d'accessoires pour animaux 139

82-Généalogiste 140

83-Créateur d'objets en vitrail style Tiffany 142

84-Restaurateur de vélos anciens 143

85-Consultant en Feng shui 145

86-Créer un cabinet de soins énergétiques 147

87-Créateur de jardins miniature 149

88-Calligraphe 150

89-Créer un service de numérisation des cassettes VHS,
cassettes audio, bobines, diapositives, photos anciennes 152

90-Créer et exploiter des chambres d'hôtes 153

91-Créer un service de location de meublé touristique 154

92- Cultiver des plantes aromatiques et les transformer 156

93-Coach en relooking 157

94- Encadreur 159

95- Conseiller en home-staging 161

96-Créateur de couches et serviettes hygiéniques lavables . 162

97-Créateur de box mensuelles surprises 164

98-Fleuriste en ligne 165

99-Créer une boutique pour cadeaux de naissance 167

100-Créer blog de cuisine 168
101-Créer un site de rencontre 170

www.ingramcontent.com/pod-product-compliance
Lightning Source LLC
Chambersburg PA
CBHW021817170526
45157CB00007B/2620